巨匠の珠玉の作品も
未来の古典も！

宮脇孝雄

洋書ラビリンスへようこそ

はじめに

　年季の入った映画好きと話をしていると、どの映画をどの映画館で見たか、実によく憶えていることに驚かされる。新宿昭和館で見たやくざ映画、池袋文芸坐の深夜上映で見たサム・ペキンパー、見逃したSF大作は、かつて二子玉川園にあった小さな映画館で見た、とか……。

　本好きの場合も同じことで、一冊の本を買ったときのこと、最初にそれを読んだときのことは、いわば肉体の記憶として全身に刻みこまれている。

　先日、本棚の整理をしていると、大江健三郎の『核時代の想像力』という評論集が出てきた。これは高校時代の夏休みに、初めて上京したとき、新宿の紀伊國屋書店で買った本で、たまたまサイン会をやっていた著者に署名してもらったものである。とても暑かったあの夏、私は世界が核戦争で滅びることを半ば信じていた。

　本書で取り上げた本にも、それぞれに何らかの記憶がまとわりついている。デパートの書籍売り場で買った本もあれば、足繁く通っていた洋書の専門店で買ったものもある。銀座の有名な洋書店では、店の人と楽しげに世間話をする植草甚一さんをときおり見かけた。日本橋の洋書店では、のちに有名な作家になった某氏が、つけで本を買っているのを見たことがある。洋書屋デビュー

をしたばかりの私は、いつか店員さんと世語りをしながら掛け買いができるような客になりたいと思ったものである。

　もちろん、今や洋書専門の実店舗はほとんど店を畳むか、規模を縮小するかしている。淋しくないといえば嘘になるが、その一方、ネット社会の到来で、洋書購入の環境は飛躍的に向上した。自宅にいながら、新刊、古書を問わず、世界中の本が買える時代になったのである。ほんの数十年前は、サラリーマンならいざ知らず、翻訳者という不安定な職業では、クレジット・カードをもつ資格がクリアできず、それならばと東京銀行に出かけてマネー・オーダー（国際郵便為替）をつくり、海外の出版社や書店と手紙のやりとりをして、郵便で本を買っていたが、今から思えば、まるで悪い夢のようだ。本書で紹介した洋書も、ネット経由ですぐ手に入るものばかりである。

　自分史を本にしませんかと自費出版を勧める広告がよく新聞に載っているが、読書好きにいわせれば、わざわざ本を書かなくても、読み終えた本そのものが自分史のひとこまである。人から見れば部屋じゅうに散らかっている雑多な本に過ぎなくても、それぞれが自分の人生の一つの章であり、見渡すだけで自分のたどってきた道を一望することができる。

　本書の大半はアルクの「マガジンアルク」に連載した洋書案内をまとめたもので、だいぶ前に書いたものが多いが、加筆修正は

最小限に留めた。今は亡き著者、今は失われた光景も、書いたときにはまだ健在であり、そこにあったからである。

　恩義のある翻訳の先生が亡くなる三か月ほど前、ご自宅まで最後のご挨拶に伺ったことがある。不治の病とわかったあとにネットで注文し、二日前に読み終えたペーパーバックのことを、先生は熱っぽく語っていた。この前書きを書きながら、ふとそのときのことを思い出した。

　さて、これから洋書の世界に入ろうとしている人から、もうすでに洋書沼（「沼」といういい方を最近はする）にはまっている人まで、誰が読んでも参考になる本になっていれば、著者としては幸いである。自分を磨くために本を読む、自分にとって役に立ちそうな本だけを読む、という考え方を、私は取らない。デカルトの整然とした論理に感動するのも、ポルノ小説を読んで悩ましい気分になるのも、すべて自分である。人類史上、一番、本を買いやすい時代が到来したのだから、なんでもかんでも読んでみようじゃありませんか。実はそれが本書で一番いいたかったことでもあります。

　末筆ながら、本書をつくってくださった菊地田孝子さん、原智子さん、そしてブックデザインの山口桂子さん、表紙イラストの山口吉郎さんに感謝します。今回もありがとうございました。

宮脇孝雄

目次

1章

イギリスの小説

巨匠、貴族、超能力者、フェミニスト…

個性的な顔触れの作家たち

洋書を読みたい人必読。
ウィリアム・トレヴァーの小説は最高である

The Hill Bachelors

by William Trevor

『丘の独身者たち』

ウィリアム・トレヴァー

　街でペーパーバックを読んでいる人を見かけると、なぜか気になって、こっそりタイトルを覗いたりする。しばらく前、よく目にしたのは、ハリー・ポッターを読んでいる人だった。頻繁に目撃したので、近づいて覗き込まなくても、本の厚みや表紙の色でだいたい見当がつくようになった。見当がつかないときは、うしろに立って、左肩の後方からそっと覗き、あるいは、席の前に立って、こっそり下に目を向け、ページの余白に刷り込まれた題名や章題を見て、だいたいの当たりをつける。……洋書を読むあなたに忍び寄る不気味な黒い影。いったい私は何をしているのか。

　それはともかく、洋書紹介の文章を書く機会が多いせいか、よく訊かれるのは、最初に読むパーパーバックには何を選んだらいいのでしょう、という質問である。その答えは、今のところ3通りあって、状況によって使い分けている。一番簡単なのは、

　「好きなものを読めばいいんですよ。え？　何が好きかわから

ない？　じゃあ、無理に読まなくてもいいです」

　と、突き放してしまうこと。冷たいようでいて、実はこれが正解なのだが、それではあんまりだ、と思うときは、

　「今、流行ってるものを読めば間違いないでしょう。たとえば、評判になっている映画の原作とか」

　などと答えるようにしている。この答えの不備な点は、17歳の高校生から、67歳の熟年世代まで、みんなが知っている「評判の映画」がなくなってしまったことである。『アイアンマン』や『X-MEN』や『アベンジャーズ』や『スパイダーマン』だったりしたら、原作は小説ではなく漫画である。そこで、次のような答えも用意している。

　「どうせ読むなら最高のものを読むべきです。私の知人で、最初に読んだペーパーバックがアーノルド・シュワルツェネッガー主演映画のノベライゼーションだったという女性がいますが、セックスと同じで最初の相手はもっと真剣に選ぶべきだったわ、としみじみ後悔していました」

　この答えの難点は、何が最高のものか、一般にはわかりづらいところにある。結局、問いは最初に戻って、「じゃあ何を読めばいいんですか？」と堂々めぐりになる恐れもある。

　しかし、今の私は、自信をもってこう答えることができる。

　「最高のもの？　それはウィリアム・トレヴァーの小説です」

年齢を重ね、深みを増していった晩年の作品を味わう

　ウィリアム・トレヴァー（William Trevor）は、2016年に88歳で亡くなったが、七十を過ぎてからも、毎年のように短篇集や長篇小説を発表し、「現存する最高の英国作家」と呼ばれていた人

である。

　今回紹介するのは、トレヴァーさんのその晩年の短篇集で、題名は『丘の独身者たち』（*The Hill Bachelors*）という。全部で十二の短篇が収録されていて、それぞれ20ページ程度の長さである。タイトル・ストーリーは、日本と同じで後継者不足が問題になっているアイルランドの農村を描いた好短篇。

　ポーリーは29歳の青年で、11年前に家を離れ、町で小麦粉配達の仕事をしているが、父親が死に、葬儀に出るため、久しぶりに実家に戻ることになる。兄弟姉妹も戻ってくるが、5人の子供のうち、結婚していないのはポーリーだけ。老母一人では力仕事ができないので、ポーリーが町の仕事を辞め、農場に戻ってくることを誰もが期待している。ポーリーにもその気がないわけではないが、同じ村の初恋の少女はすでに嫁いでいるし、ガールフレンドは絶対に田舎では暮らしたくないといって去ってゆく。その農村には、「丘の独身者たち」という言い回しがある。嫁の来手がないまま、四十になり、五十になって農場を経営している男たちのことをそう呼ぶのである。こういう状況を設定して、トレヴァーさんは、ポーリーと老母との微妙な葛藤を描いてゆく。

　文章そのものは決して読みにくくない。たとえば、68歳になる老母は次のような述懐をする。

In the yard she threw down grains for the hens and remembered doing it for the first time, apprehensive then about what she'd married into. Nor had her apprehension been misplaced: more than she'd imagined, her position in the household was one of obedience and humility, and sometimes what was said, or incidents that occurred, left a sting that in private drew tears from her. Yet time, simply in

ウィリアム・トレヴァー（1928-2016）の作品は翻訳が進んで国書刊行会や新潮社などから長篇や短篇集が出ている。本書 The Hill Bachelors は2000年にハードカバーが出て、2001年にPenguinでペーパーバックになった。ノーベル文学賞の有力候補と見なされていたが、2016年に死去。カトリック信者で、晩年に達した深みはその宗教とも無関係ではないと思う。

passing, transformed what seemed to be immutable. Old age enfeebled on the one hand; on the other, motherhood nurtured confidence. In the farmhouse, roles were reversed.

——あれ、英語は読みにくくないのに文意がつかめない、と思った人もいらっしゃるだろう。実は、この部分には嫁姑の確執が描かれているのだが、姑の存在を明示しない書き方をしているので、わかりにくいのである。しかし、二、三度読み返して、意味がわかったときには、さっと霧が晴れたような感じがするはずで、その感じを体で覚えたら、英語を読むのが楽しくなるだろう。とりあえずざっと訳せば、次のようになる。

　庭に出て鶏に穀物を投げ与えていた彼女は、自分が初めて鶏に餌をやったときのことを思い出していた。当時から自分はどんなところに嫁いできたのだろうという懸念があった。その懸念も根拠のないものではなく、家庭内での自分の地位は予想を超えて恭順を強いられる屈辱的なものだった。ときにはささいな言葉や出

来事に傷ついて、ひそかに涙を流したりもした。だが、歳月が過ぎてゆくという、ただそれだけのことで、不変だと思われていたものは姿を変えた。一方の当事者は老齢によって気力が弱り、もう一方の当事者は母になって自信を身につけた。農場では役割が逆転していた。

　面白いことに、私がイギリスの小説に興味をもち始めた1970年代には、この作家の評判はそれほどでもなく、単なる「ユーモアとペーソスの短篇作家」とみなされていた。ところが、年齢を重ねるにつれて登場人物を見つめる視線に宗教的ともいえる深みが出てきて、見事に変身を遂げた。

　これからしばらくのあいだ、私は街に出るのを楽しみにしている。ウィリアム・トレヴァーを読んでいる人を、どこかで見かけるかもしれないからである。

書籍情報

The Hill Bachelors, William Trevor, Penguin Books刊

サッチャー時代の英国を
一人の青年の目を通して
描いたブッカー賞受賞作

The Line of Beauty

by Alan Hollinghurst

『美の線』

アラン・ホリングハースト

2004年のブッカー賞受賞作に、アラン・ホリングハースト（Alan Hollinghurst）の *The Line of Beauty* という長篇がある。題名の『美の線』とは美学上、美しいとされる S 字カーブのこと。

ご承知のように、ブッカー賞はイギリスで一番有名な文学賞である。ただし、賞そのものは比較的最近できたもので、フランスの権威ある文学賞、ゴンクール賞と同じような賞をイギリスにもつくろうではないか、というある編集者の提案で、企業のスポンサーを募り、1969年から始まった。初期にはいろいろトラブルがあり、第四回の受賞者、ジョン・バージャーなどは、左翼的立場からブッカー賞という制度を受賞スピーチで批判して話題になったが、80年代に入るとだいぶ落ち着いてきて、以後、バイアットの『抱擁』とか、カズオ・イシグロの『日の名残り』とか、日本でも人気のある作品がリストに名を連ねている。

ブッカー賞は、イギリス連邦（イギリス、カナダ、オーストラ

リア、ニュージーランド、インドなど）かアイルランド共和国の人が英語で書いた長篇小説（翻訳は駄目）で、その年に出版されたもの（自費出版は駄目）の中から選ばれる。つまり、イギリス連邦とアイルランドでその年に出た英語の小説はほとんどすべてが自動的にブッカー賞候補になるわけだが、実際には出版社の推薦作などを参考にして、20作程度の候補が決まる。これをlonglist（無理やり訳せば「一次予選通過作」）という。その中から、最終候補の6作（shortlistという）を選び、最後に選考委員が受賞作を決める、という手順で選考が行われる。最終候補作には2500ポンドの、受賞作には5万ポンドの賞金が与えられる。

　2014年からは英語で書かれた小説すべてが選考対象になり、アメリカの作家も受賞の権利を得た。

　ブッカー賞を取った小説がみんな面白いとはかぎらないが、ホリングハーストの受賞作は、個人の生活を描きながら社会全体を描くというイギリス小説の王道を行くもの。訳される時機を逸したのか、翻訳が出る気配はないので、英語で読むことをお勧めしたい。文章のうまさには定評のある作家である。

　舞台は1980年代のイギリス。主人公のニック・ゲストは、ヘンリー・ジェームズに関する論文を書こうとしている大学院生で、オックスフォード大学で一緒に学んでいる友人、トビー・フェッデンの家に下宿している。トビーの父親、ジェラルド・フェッデンは国会議員で、サッチャー率いる保守党のホープといわれている。

　政治や社会情勢に無知な文学青年であるニックが、さまざまな人との交流を通して成長してゆく姿を描き、同時に、そのニックの目から見た一人の政治家の野望と挫折を描く、という構成だが、背景であるサッチャー期のイギリスの世相も克明に描かれていて興味深い。たとえば、この小説は次のような一節で始まる。

アラン・ホリングハーストは1954年生まれで、オックスフォードのモードリン・コレッジ出身。大学講師、文芸編集者でもある。出世作は1988年の『スイミングプール・ライブラリー』(邦訳・早川書房)だが、その作品も含めて、ホリングハーストさんの作品には必ずホモセクシュアルの男性が登場する。本書 *The Line of Beauty* は2004年に Picador からハードカバーが出て、2005年にペーパーバックになった。またBBCによって2006年にTVドラマ化され、日本では「ライン・オブ・ビューティ 愛と欲望の境界線」という題でWOWOWで放映された。

Peter Crowther's book on the election was already in the shops. It was called *Landslide!*, and the witty assistant at Dillon's had arranged the window in a scaled-down version of that natural disaster.

選挙についてのピーター・クローザーの本はすでに店頭に並んでいた。『地滑り！』という書名で、しゃれっ気のある〈ディロンズ〉の店員はその自然災害をまねて平積みの飾りの本を地滑りの形にしていた。

青年の成長や保守政治家の野望の先に「非情な十年」の時代が見えてくる

サッチャーの二期目の総選挙を俗に「地滑り的勝利」と呼ぶ。そのことから、これはその年（83年）の話だなとわかるし、〈ディロンズ〉という書店も、80年代に勢いを得て店舗を増やし、のちに業績不振から同業他社に吸収された、サッチャー期の象徴の

ようなチェーン店だから、作者は意図的に名前を出したのだろう。

　ニックは中産階級、フェッデン一家は上流階級であり、お約束ながら、その階級の違いも皮肉を込めて面白く描かれている。

Nick's birthday was eight days after Toby's, and for a moment there had been an idea that the party for Toby's twenty-first should be a joint celebration. 'Makes obvious sense,' Gerald had said; and Rachel had called it 'a fascinating idea'. Since the party was to be held at Hawkeswood, which was the country house of Rachel's brother, Lord Kessler, the plan almost frightened Nick with its social grandeur, with what it would confer on him and demand from him. Thereafter, though, it had never been mentioned again. Nick felt he couldn't allude to it himself, and after a while he allowed his mother to make arrangements for his own family party at Barwick a week later: he looked forward to that with queasy resignation.

　ニックの誕生日はトビーの誕生日の8日後だったので、トビーの21歳の誕生日はニックと一緒に祝おう、という話がしばらく出ていた。『そりゃいいね』とジェラルドはいい、『楽しみだわ』とレイチェルはいった。パーティは、レイチェルの兄弟、ケスラー卿のカントリーハウスであるホークスウッド館で開かれることになっていたので、一大社交イベントになるに違いなく、名誉であると同時に負担でもあり、ニックはほとんど恐怖に近いものを感じた。だが、それ以降、その話が出ることはなかった。自分から遠回しに切り出すのも気が引けた。やがてニックは母親にいわれたとおり、バーウィックの自宅でホームパーティを開くことにした。精神的なしこりの残るあきらめの気持ちで彼はそのパーティを待

った。

　保守党の議員、ジェラルド・フェッデンは着々と自分の野望を実現させてゆく。主人公のニックはホモセクシュアルで、黒人の店員を皮切りに、何人かの男性と関係をもつ。だが、サッチャー期の「非情な十年」はハッピーエンドを許さず、フェッデン議員はセックス・スキャンダルで失脚し、ニックが築き上げた性的ユートピアは謎の奇病（つまり、エイズ）で崩壊する……。

　これぞ小説という感じの、読み応えがある作品である。

書籍情報

The Line of Beauty, Alan Hollinghurst, Bloomsbury Publishing 刊

見事な風景描写と
ファンタジー的手法が
生み出す独特な世界

Going into a Dark House

by Jane Gardam

『暗い家に入る』

ジェイン・ガーダム

若い頃は、警句的表現や、会話の中の洒落た言い回しを探しながら小説を読んでいたような気がする。もちろん、実生活で使ってやろうという魂胆である。ハードボイルド系探偵小説には、その手の表現が大量に含まれていて、レイモンド・チャンドラーの名探偵は、女性に言い寄られたら「きみにはいくら貯金がある？」と切り返すし、ロス・マクドナルドの名探偵は、厚化粧の老婦人を見て、「まるで亡霊をもてなしていたようだ」と感想を述べる。

知り合いに涙もろい男がいて、小説を読んでよく泣いているという。

若い頃は、登場人物が口にする台詞に感極まっていたらしい。泉鏡花の「国貞えがく」という短篇の、

「定吉、金子でつく話はつけよう。鰯は待て」

という幕引きの言葉が、ひどくお気に入りだったようで、やっぱり鏡花はうまい、としきりに感心していた。

年を取って四十を過ぎると、その男は、今度は何気ない風景描写に泣くようになった、という。雑木林に太陽が当たっていて、かすかに風が吹いている、などという描写に、ぐっとくるのだそうだ。その気持ち、わからないでもない。

　当然、彼は、最近の若手作家の新作が出ても見向きもしない。どういうわけか、あまり風景描写がないからである。

　そういえば、海外の小説、とくに最近よく訳されるようなタイプのアメリカの小説には、昔ながらの風景描写はあまり出てこない。たとえば、ポール・オースターの小説は、それなりに面白いと思うが、雑木林に太陽が当たっていて、かすかに風が吹いている式の描写はなかったような気がする。もちろん、そのかわりに、都会の詩情とでもいうべきものが描かれている。

　これを一般化すれば、日本でもアメリカでも、先端的な小説は、都市生活者の感性によって書かれることが多いので、古風な風景描写はだんだん少なくなる傾向にある、ということができるかもしれない。

　ならば、イギリスではどうか？　というのが、実は今回の話題である。

　ご存じのように、観光立国としてのイギリスの売り物の一つに、〈カントリーサイドの魅力〉というのがある。紋切り型ながら、なだらかな起伏のある広大な牧草地で羊が草を食べていたり、その中に小川が流れていて、川のほとりに草花が咲き乱れていたり、「自然」そのものの光景がイギリスの田園地帯には広がっている。

　そのイギリスに、ジェイン・ガーダム（Jane Gardam）という作家がいる。この作家は、日本ではまだ本格的に紹介されていないはずだが、〈デイリー・テレグラフ〉という新聞の書評欄で、彼女の小説は次のように評されている。

　「よどみのない文体、突出して火花を散らす会話。そして、風

景や食べ物の描写がとくに素晴らしく、ごく普通の言葉だけを使ってここまで深い効果を上げられるのか、と感嘆させられる」

　むろん、「風景や食べ物の描写がとくに素晴らしく」という箇所が要注意である。そう、イギリスには、ごく普通の風景描写を売り物にしている作家が、まだいたのだ。

> ## 風景描写が魅力の地味な小説と思いきや
> ## 予想を裏切る展開に……

　ジェイン・ガーダムは、長篇・児童文学・短篇集を合わせて、30冊以上の作品を発表しているが、今回は、1994年に出版された短篇集『暗い家に入る』（*Going into a Dark House*）を紹介してみよう。この短篇集には、翻訳して四百字詰め原稿用紙60枚程度の作品が全部で8編収められている。

　ガーダムさんはヨークシャーの生まれだそうだが、その作品にもヨークシャーを舞台にしたものが多い。たとえば、「死んだ子供たち」（*Dead Children*）という短篇は北ヨークシャーの小さな村を舞台にした作品で、ブラックベリーの茂みの描写から始まる。

The blackberry bushes were much as they had always been in October—silvery, black, purple and red, hanging in swags, dense in their hearts. Many berries were still to be gathered, many gone mouldy and dropped, or about to drop, in little chinchilla balls on the turf inside the glade.

　ブラックベリーの茂みはいつもの十月と変わりなかった ──銀白色や、黒や、紫や、赤が入り乱れ、数珠つなぎになって、芯がぎっしり詰まっている。これから摘みごろになる実も多かったし、

> ジェイン・ガーダム (1928-) は北ヨークシャーのコータム
> という村に生まれた作家で、イギリスの各種文学賞の常連
> でもある。有名なホイットブレッド賞は2回も受賞してい
> る。短篇賞のキャサリン・マンスフィールド賞も取ってい
> るし、デイヴィッド・ハイアム賞も取っている。この短篇集
> *Going into a Dark House* は、1994年にハードカバーが出
> て、翌95年にペーパーバックが出ている。71年に児童小説
> でデビューした人なので、90年代は絶頂期に当たる。

**白黴が生えたようになって、チンチラ織りの小さな房玉の形で、
空き地の内側の芝に落ちているものや、これから落ちようとして
いるものも多かった。**

　読者のみなさんの中には、ブラックベリーの茂みを見たことが
ある人より、ない人のほうが多いだろう。和名はセイヨウヤブイ
チゴで、その名のとおり、ストロベリーと違って薮に実る。しか
も、この描写を読めば、少なくとも黒一色ではなく、紫や赤や銀
白色も混じった、不思議な色合いの茂みだとわかる。
　この短篇の主人公は、若い頃からその空き地を散策し、ブラッ
クベリーの茂みを何十年も見てきた老婆である。風景描写が多く、
老婆が主人公で、題名が「死んだ子供たち」というと、なんだか
地味な話だと思うかもしれないが、ジェイン・ガーダムという作
家の面白い点は、日本風にいえば「純文学」の作家でありながら、
ファンタジーの手法を自由に駆使するところにある。
　すでに独立して別の町で暮らしている息子や娘と、遺言の書き
換えのことでちょっとしたいさかいを起こしたこの老婆は、時が

止まったようなそのブラックベリーの茂みで、時空を超えた不思議な体験をする。昔なら、この短篇は SF に分類されたかもしれない。誤解のないように繰り返しておけば、地味な風景描写の出てくる作品が地味な小説とはかぎらないのである。

　別の短篇、「礼拝堂」(*The Meeting House*) は、人間より羊のほうが数が多いといわれるヨークシャーの丘陵地帯を舞台にした小説で、これまた地味な（そして、滋味のある）風景描写満載だが、最後まで読むと、幽霊の出てくる不思議な小説だということがわかる。

　涙もろい知人の意見はまだ聞いていないが、小説読みならこういう作品はおおいに歓迎するはずである。

書籍情報

Going into a Dark House, Jane Gardam, Little Brown and Company 刊

英国の庶民に絶大な
人気を誇るサッカーが
テーマの短篇小説集

A Book of Two Halves

ed. by Nicholas Royle

『ハーフが二つの本』

ニコラス・ロイル編

　本でフットボールというと、しばらく前までは、アメリカン・フットボール、いわゆるアメフトを連想した人が多かったのではないだろうか。football という英語は、足でボールを蹴るいくつかのスポーツの総称であり（古くは「蹴球」と訳された）、アメリカン・フットボールはその中の一つに過ぎない。

　イギリスでフットボールといえば、もちろんサッカーである。サッカーという言葉は、日本では正式な名称のように思われているが、実はこれは俗語で、正式には association football という。昔は「ア式蹴球」などと訳されていた。これはラグビー・フットボール（rugby football）と区別するためにつくられた名前で、協会（association）が運営しているフットボール、という意味でこう呼ばれている。辞書によれば、この association の一部の文字 soc に、人をあらわす接尾辞の er がついて、soccer（サッカー）という言葉が生まれたらしい。

　ラグビー・フットボールが主に上流階級のスポーツであるのに

対して、アソシエーション・フットボール、つまりサッカーは、中流以下の階級に絶大な人気を誇っている。イギリスの小説を読んでいると、サッカー・ファンの登場人物がよく出てくる。しかし、サッカーそのものを題材にした小説というのは、あまり見かけない。と思っていたら、サッカーをテーマにした小説だけを集めた短篇集を見つけた。今回はその本を取り上げてみよう。

　題名は、*A Book of Two Halves*。サッカーの試合は45分のハーフが二つと、injury time（いわゆる「ロスタイム」「アディショナル・タイム」）で成り立っている。「ハーフが二つの本」で、サッカー小説集という意味だろう。編集したのは、ニコラス・ロイル（Nicholas Royle）という人。ロイルは純文学＝ホラー系の作家で、編集者としても知られている。ほぼ同年輩の作家たちに趣旨を話し、サッカー短篇を書いてもらって、それを1冊に集めたのがこの本である。

　これには全部で二十四の短篇が収録されていて、題名どおり、12編ずつ二部に分かれている。12というのは、サッカーの選手11人＋補欠一人ということか。

　パロディ仕立てのユーモア小説や、ミステリ（私立探偵がサッカー選手のボディガードに雇われる）、SF（未来のワールドシリーズに宇宙人チームが出場）、純文学と、多彩な小説が収められているが、ここでは一つ、しみじみとした好短篇を紹介してみよう。

サッカー場正門前の家に暮らす
シングルマザーも登場

　題名は *Permanent Fixture*（住宅に付属した資産、という意味もあるし、毎年決まった試合の開催日という意味もある）。作者は

編者のニコラス・ロイルは1963年生まれのイギリス人。短篇
はホラーを中心に百編以上発表しているが、7冊ほどある長
篇はポストモダンの純文学として評価された。1993年には、
短篇部門で英国幻想文学賞を受賞。編者としては、*Darklands*
というホラー短篇集をはじめ、十数冊のアンソロジーを編ん
だことで知られている。この *A Book of Two Halves* は、1996
年に Gollancz 社のオリジナル・ペーパーバックとして出版さ
れた。同姓同名の学者兼作家がいて、よく間違われることで
も有名。そっちのほうのニコラス・ロイルは、エセックス大学
教授で、フランス現代思想の研究書、『ジャック・デリダ』が
日本でも訳されている。

『ルーフワールド』というファンタジーがハヤカワ文庫で訳され
ているクリストファー・ファウラーである。

　ポーラは両親の反対を押し切り、19歳で結婚した。31歳の夫
は、ジャズとサッカーのファンで、アーセナルが本拠地にしてい
るサッカー場の正門前に家を買った。ポーラはサッカーには興味
がなく、そのサッカー場も、いわば家具や庭のような住宅の付属
品に過ぎなかった。

　サッカーの季節になって家の前を通る群集を見ても、ポーラに
は自然現象の一つとしか思えない。庭に投げ込まれるごみや、群
集が大声でわめく卑猥な歌は迷惑だったが、カエルが大量発生し
たのだと思えば腹も立たなかった。

　二人目の子供が生まれた頃、夫は家に寄りつかなくなり、ジャ
ズ・クラブの歌手と別のところで同棲を始める。それ以後、ポー
ラは、サッカー場の陰のじめじめした家に暮らしながら、女手一
つで二人の女の子を育てることになる。

　上の子が十歳になった頃、ポーラには新しい男ができた。今度
は年下のタクシー運転手だった。その男、マルコムはポーラの家

に転がり込んできたが、夜の仕事なので、睡眠薬を飲んで昼間は寝ている。やがて、彼は精神的に不安定になり、ポーラや娘に暴力をふるい始めた。だが、いくら殴られても、ポーラはじっと耐えている。

上の娘が合宿で家を留守にしているとき、下の娘が学校から帰ってくると、ポーラは寝室でマルコムに殴られていた。その日の暴力はことのほか陰惨で、ほとんど死ぬような目にあわされていたが、彼女は無抵抗だった。だが、母親を助けようと寝室に入ってきた娘を見て、ポーラは初めて目が覚める。マルコムから逃れ、娘と一緒に外に飛び出すと、その日はちょうどサッカーの開催日で、家の前には群集がたむろしていた。

そして、不思議なことに、人の波は、一つの巨大な生き物のように、ポーラと娘を包み込んだのだ。追ってきたマルコムもその波に呑まれたが、マルコムのほうは頭を殴られ、手脚を折られ、群集の暴力に翻弄された。

It was then that she saw she had entirely misunderstood the football match. The centre of this mighty organism was not the pitch, not the game itself, but the surrounding weight of life in stands, in the streets, a force that made her dizzy with its strength and vitality. Yet the centre was as hushed and calm as the eye of a hurricane, and it was here that the crown set them down. Watching the men, women, and children dividing around them like a living wall she momentarily felt part of something much larger. She somehow connected with the grander scheme for the first time in her life.

彼女がサッカーの試合を完全に誤解していたことに気がついた

のはそのときだった。この力強い有機体の中心にあるのは、競技場や試合そのものではなく、スタンドや街路でそれを取り巻く人生の重さなのだ。その強さとバイタリティに彼女は目がくらんだ。だが、ハリケーンの目のように、その中心部には穏やかに凪いだところがあり、群集は彼女と娘をその部分に降ろした。男や女や子供たちが命のある壁のように二つに分かれて自分たちのまわりを通ってゆくのをながめながら、一瞬、彼女は、自分が何か大きなものの一部になったような気がした。生まれて初めて、何か崇高なものと繋がりがもてたように思ったのだ。

　——という話。
　なお、リーダーズ英和辞典によれば、サッカーで「前半と後半はまるで別の試合だ」というのを英語では、It's a game of two halves. というらしい。

書籍情報

A Book of Two Halves, ed. by Nicholas Royle, Phoenix 刊

ハードボイルドな
英国ミステリに
紳士の出る幕はない

Paint It Black

by Mark Timlin

『黒く塗れ』

マーク・ティムリン

明治維新以来、外国への好奇心が旺盛なのは日本人の特徴であるらしく、ヨーロッパ、アジア、中南米、ロシア、アメリカなど、世界各国の情報を満載した本が頻繁に出版されている。イギリス関係の本も、書店に行けば相変わらずたくさん並んでいる。聞いたところによると、出版界では「イギリス」という言葉が題名に入れば、ある程度、部数を見込めるらしい。そのためか、『イギリス食い倒れ』とか『イギリスの紅茶を飲み倒す本』とか『イギリス紳士はペットがお好き』とか『温泉天国イギリスの湯』といった本が書店の一角を占領している（以上の題名は架空のものである）。

とはいえ、さすがにステレオタイプのイメージが独り歩きし始めているようにも思われる。つまり、カントリー・ハウスでアフタヌーン・ティーを楽しみ（ティーカップはウエッジウッド）、マザー・グースを歌いながらテディ・ベアと遊び、湖水地方でピーター・ラビットと戯れ、パブでビターを呑んだりするのがイギリ

ス人であるという紋切り型ができあがっているような気がしないでもないのだ。

　かくいう私も、イギリス式紅茶のいれ方、などという原稿を書き散らした憶えがあるので、これは、まあ、自戒を込めていうのだが、フジヤマとゲイシャで日本文化を説明するのが無理なように、アフタヌーン・ティーやピーター・ラビットも英国文化の一面に過ぎない。もう少し視野を広げれば、いっそう面白い世界が開けるだろう。

　ミステリでも同じことがいえる。イギリスのミステリといえば、中産階級か、それ以上の階級の人々が登場して、紳士的な探偵が重箱の隅を突っつくような、緻密な推理を披露する、というイメージがあるかもしれないが、もちろんそんな作品ばかりではない。大都会の、いわゆる労働者階級の人々が登場して、麻薬や売春がテーマになり、拳銃の撃ち合いも頻繁に描かれる、といった活劇ハードボイルド系の小説もたくさん書かれている。

　たまにはそういう種類の読物も取り上げないと、アフタヌーン・ティーだけで英国文化を語る愚を繰り返すことになる、というわけで、今回は、純英国産ハードボイルドといわれるマーク・ティムリン（Mark Timlin）の小説を紹介したい。この人は、ニック・シャーマンという私立探偵を主人公にしたシリーズを書き続けていて、その11作目の『黒く塗れ』（*Paint it Black*）という作品をペーパーバックで読んでみた。

クリスティやレンデルとはまったく違う
話し言葉のような文体が特徴

　次に引用するのはその冒頭の部分だが、同じイギリスのミステリ作家でも、アガサ・クリスティやルース・レンデルやレジナル

ド・ヒルなどとはまったく違う文章を書く人だということがよくわかる。

Dawn and I were living the straight life when it started. As straight as we could, anyway. With our history.

We'd been married just over a year, and after Dawn had helped me on a case involving a dead rock star who wasn't. Dead, I mean. We were just kicking back and letting the dust settle.

There was nothing stronger in the house than a bottle or two of German beer and some vodka. We had plenty of money and we spent it on eating out, going to the movies and generally having a good time. Don't knock it till you've tried it.

Then one Sunday evening my ex-wife called me up.

ごらんのように、英語はだらしないくらい平明で、文章の呼吸は話し言葉に近い。誤解されるかもしれないが、これは「大学出」の書く文章ではない。しかし、これもまた英語の文章なのである。

こういうものは、かえって訳しにくいものだが、意味だけとって訳せば、だいたい次のようになるだろう。

この事件が始まったとき、ドーンとおれは堅気の暮らしをしていた。というより、できるだけまっとうに暮らそうとしていた。どちらも脛に傷をもつ身なんでね。

結婚してから、一年とちょっとたっていた。結婚する前、ドーンは、死んだように見えてそうじゃなかったロック・スターの事件でおれに協力してくれた。そうじゃなかった、というのは、死

マーク・ティムリンは1944年ロンドン生まれの元音楽プロデューサーで、ひたすら大衆的な作品を書き続けている。初期の作品では、「作中に転がる死体を数えるのに計算機がいる」と評されたが、今作も死体の数は優に十を超える。もちろん題名の『黒く塗れ』はローリングストーンズのヒット曲から取られている。ハードカバーが大手出版社のGollanczから1995年に出て、ペーパーバックは1996年にVistaから出版された。邦訳は『黒く塗れ！』という題で講談社文庫から出ている。

んでいなかった、という意味だ。おれたちは、いろいろなことをご破算にして、舞い上がったほこりが落ち着くのを待つことにした。

　家の中には、ドイツ・ビールが二、三本あり、ウオツカが少しあるだけで、それ以上強いものはなかった。金はたくさんあったから、外食をしたり、映画を観たり、だいたいは楽しむために使うようにしていた。文句をつけたいなら、自分も同じことをやってからにしてくれ。

　そして、ある日曜日の夕方、別れた女房から電話があったのだ。

　このニックという探偵は、元警官だが、薬物中毒の前歴があり、決して単純な正義の味方ではない。それどころか、これまでに悪いやつを何人も殺しているのだ。今は元ストリッパーのドーンと再婚し、犯罪とは縁のない生活を始めようとしている。ところが、自分では犯罪の世界から足を洗ったつもりでも、向こうが放っておいてはくれない。

　まず最初に、別れた妻が育てている14歳の娘が家出する、と

いう出来事が起こる。娘は無事に戻ってくるが、今度は娘の友だちが麻薬の打ちすぎで死ぬ事件が起こる。ニックは青少年の麻薬汚染を深く憂慮する。そして（ここに飛躍があるのだが）一人で麻薬密売組織をつぶそうと考える。こうしてイギリスの麻薬王との闘いが始まるのだが、やがて新妻のドーンが組織に殺され（そう、主人公の身内や友人がすぐ死んでしまうのもこのシリーズの特徴だ）、ニックはマシンガンを持って組織のアジトに殴り込みをかけることになる。

　けっこう過激な描写もあるが、このシリーズはテレビ化もされているらしい。とにかく、英国に住んでいるのは紳士だけでないということが、この小説を読むとよくわかる。もちろん、アクション描写で単純にすかっとすることもできるし、アメリカの同種の作品とは一味違う、泥臭いユーモアを楽しむこともできるだろう。

書籍情報

Paint It Black, Mark Timlin, No Exit Press 刊
『黒く塗れ！』マーク・ティムリン著、北沢あかね訳／講談社文庫刊

難解な巨匠コンラッドは
短篇集から読み始めよう

The Complete Short Fiction of Joseph Conrad

by Joseph Conrad, ed. by Samuel Hynes

『ジョセフ・コンラッド短篇選集』

ジョセフ・コンラッド（サミュエル・ハインズ編）

いつだったか、岩波文庫で海外エンタテインメントを読もう、という特集を組んだ雑誌があった。岩波文庫の海外小説といえば、重厚で深刻なものばかり、という思い込みを逆手に取った面白い企画だった。考えてみれば、岩波文庫にはシャーロック・ホームズも入っているし、今読んでも面白い悲劇的ロマンス小説『りんごの木』（ゴールズワージー）も入っている。目録に載っている作品でいえば、ゴットヘルフの『黒い蜘蛛』はホラーだし、コリンズの『白衣の女』はサスペンス小説そのものだ。

　ジョセフ・コンラッド（Joseph Conrad）も、エンタテインメント風の読み方ができる文学作品を書いた人である。岩波文庫で手に入る『西欧人の眼に』は、帝政ロシアのテロリスト・グループを裏切った青年の話。そのクライマックスの描写には、どんなサスペンス小説よりもはらはらどきどきさせられる。同じく岩波文庫に入っていた『密偵』は、ロンドンを舞台にした爆弾テロの話で、ヒッチコック監督がこれを原作にして『サボタージュ』とい

う映画をつくっている。

　ご承知のように、コンラッドは船乗りをしていた作家で、海洋文学の巨匠として知られているが、有名な割にはあまり読まれていない。そこで、実はコンラッドは面白いんだよ、という話を書いてみたい。

　コンラッド、それ誰？　という人もいらっしゃるだろうから、簡単に説明すれば、コンラッドは1857年に生まれて1924年に亡くなったイギリスの作家（日本でいえば夏目漱石と活動の時期が同じである）。生まれたのは帝政ロシア時代のポーランドで、英語は母国語ではなかった。ポーランド独立運動に参加した父親が投獄され、辛い少年時代を送ったあと、17歳で船乗りになり、自由奔放な青春を謳歌する。29歳でイギリスに帰化、船長資格を取得して、東南アジアやアフリカを巡る。34歳で健康を害し、陸に上がって小説を書き始める。その経歴から、海を舞台にした小説が多いが、最近では、上述の『密偵』や『西欧人の眼に』など、海洋物以外の作品の再評価が進んでいる。

　コンラッドの主人公は、しばしば究極の選択を迫られる。恋人を取るか、肉親を取るか、生き残って一生卑怯者と呼ばれるか、死んで何人もの命を救うか。こんな話はお説教臭くなるものだが、コンラッドの場合は、卑怯者と呼ばれるのも英雄と呼ばれるのもどちらも人生だ、という具合に主人公をクールに突き放すのが特徴で、それだけに物語が現実味を帯びて迫ってくる。

「壁越しに聞く状況不明の対話」のように難解とされる文章だが…

　ところが、日本の読者がコンラッドを楽しむには、一つだけ障害があった。文章が難しいのである。『密偵』の訳者あとがきで

ジョセフ・コンラッド（できるだけ原音に近い表記をすれば、「ジョウゼフ・コンラッド」）の代表作は、実は著作権が切れているので、インターネット上でも原文のテキストを入手できる。*Amy Foster*なら、「Amy Foster」というキーワードで検索すれば、Project Gutenberg版のテキストファイルのありかがわかる。もちろん、世間的に一番よく知られているコンラッドの作品は、コッポラの『地獄の黙示録』の原作とされる『闇の奥』だろう。映画人ではリドリー・スコットもコンラッドのファンで、初期の作品『デュエリスト』の原作はコンラッドだし、映画『エイリアン』に出てくる宇宙船、ノストロモ号の名前は、コンラッドの長篇*Nostromo*から採られている。

土岐恒二氏も、「壁越しに聞く状況不明の対話のような難解な文」や「フラッシュバックによる時間処理に代表されるような複雑な小説技法」を例に挙げて、「難物」だと断じている。

　ただし、それは円熟期の長篇の場合で、短篇には読みやすく、しかも面白いものが多い。短篇でコンラッドの面白さを知り、やがて難解な長篇に挑んで、すっかりファンになった、という知人も何人かいる。そんなわけで、まだこの作家をご存じないかたのために、名作短篇が網羅された傑作集、『ジョセフ・コンラッド短篇選集』（*The Complete Short Fiction of Joseph Conrad*）を紹介しておこう。コンラッドの短篇傑作集は何冊も出ていて、選ばれている作品も似たり寄ったりだが、ここではサミュエル・ハインズ（Samuel Hynes）が編集したこの本を取り上げておく。中には22編の作品が収録され、編者による序文がついている。

　難解だと書いたので恐れをなしている人もいるかもしれないが、短篇の場合はそれほど文章も難しくない。たとえば、「エイミー・フォースター」（*Amy Foster*）という短篇は、次のような英語で書かれている。文中のKennedyは医者で、語り手の「私」はそ

の友人。ここだけではわかりにくいが、前の部分を読むと、二人は馬車に乗っていることになっている。

One day, as we trotted out of a large village into a shady bit of road, I saw on our left hand a low, black cottage, with diamond panes in the windows, a creeper on the end wall, a roof of shingle, and some roses climbing on the rickety trellis-work of the tiny porch. Kennedy pulled up to a walk. A woman, in full sunlight, was throwing a dripping blanket over a line stretched between two old apple-trees. And as the bobtailed, long-necked chest-nut, trying to get his head, jerked the left hand, covered by a thick dogskin glove, the doctor raised his voice over the hedge: "How's your child, Amy?"

　ある日、二人で大きな村を抜け、日陰になった街道を早足の馬車で進んでいたとき、左側に屋根の低い黒ずんだ平屋が見えてきた。鉛枠に入った菱形窓があり、側壁には蔦が這い、屋根は板葺きで、狭いポーチの、ぐらつきそうな格子垣には数本の蔓薔薇が絡みついていた。ケネディは手綱を引き、馬車を並足にした。一人の女性が、全身に日の光を浴び、二本のりんごの老木に渡された物干し紐に、滴の落ちる毛布を掛けようとしている。切り尾で首の長い栗毛の馬が、頭を楽にしようとして、ドッグスキンの厚い手袋をはめている医者の左手を引っ張ったとき、垣根越しに医者は声をかけた。「子供はどうかね、エイミー」

　Kennedy pulled up to a walk. という部分がちょっと難しくて、「小道（walk）で馬車を止めた（pulled up）」と解釈する人もいるかもしれないが、たぶんこれは、馬車の手綱を引いて（pulled up）馬を並足（walk）にさせた、という意味だと思う。

　ここはまだプロローグの部分で、やがて医者のケネディは、このエイミーという女性の不幸な半生を語り始める。海辺の町に難破船が漂着して、異国の言葉を話す男が岸に打ち上げられる。孤独な娘だったエイミーは、言葉の通わないこの男を受け入れて結婚するが、やがて二人を悲劇が襲う……という話で、しみじみとした読後感が残る好編である。

　実はこの短篇、映画化され、『輝きの海』という題で日本でも公開されている（レイチェル・ワイズ主演）。興味のある人はDVDなどを探してみてください。

書籍情報

The Complete Short Fiction of Joseph Conrad, Joseph Conrad, Ecco Press 刊

日本中をスプーン曲げに熱中させた超能力者が小説を書いていた！

Ella

by Uri Geller

『エラ』

ユリ・ゲラー

　　のとき、私は、カレーライス用のスプーンを握りしめ、曲がれ、曲がれと念じながら、そのスプーンの柄をこすっていた。

　ユリ・ゲラー（Uri Geller）という「超能力者」が日本にやってきて、一大ブームを巻き起こしたのは、今から40年以上前のことである。その結果、スプーン曲げが大流行したのは、みなさんもご存じだろう。もちろん、これは日本だけではなく、世界的なブームになった。ちなみに、「スプーン曲げ」は、英語では、spoon bending という（そのまんまだが）。

　ユリ・ゲラーの名前は、研究社の英和辞典『リーダーズ・プラス』にも載っている。引用すれば、

　「ゲラー Uri ～（1946-　）《超能力者と称したイスラエル人。1970年代に念力でフォークなどを曲げたり止まった時計を動かしたりする実験で有名になった》」

　と書いてある。この「時計を動かしたりする実験」はスプーン

曲げに続いて日本でも行われ、動かなくなった懐中時計などを握りしめて、テレビの前で動け動けと念じていた少年少女が多数存在する。ユリ・ゲラーは、逆に動いている時計を止めたこともある。彼が念力で止めた時計の中で、一番大きいのは、ロンドンのビッグ・ベンである。したがって、イギリスでは、clock-stopper（時計を止める男）とも呼ばれている。

　80年代に入ると、ユリ・ゲラーの消息は日本では聞かれなくなった。一部では、「インチキがばれて人前に出られなくなったのだ」という噂がまことしやかにささやかれていたが、どうやらそれは正しくなかったようだ。イギリスのバークシャーに住んでいるゲラーは（21世紀になってからは故国イスラエルに戻ったようだが）、80年代の英国でいろいろなことをやってきたらしい。

　まず、地元のサッカー・チーム（レディング・フットボール・クラブ）に依頼されて、コーチを務めている。それも、ただのコーチではない。超能力コーチである（何をするのか、今一つよくわからないが）。そのあと、超能力を応用した防犯装置を販売する会社を興した。ダウジング――特殊な棒を使って水脈や油脈や鉱脈などを探り当てること――の能力を使って石油を掘り当てたこともある。多国籍企業や各国政府のアドバイザーもやっている。

　CIAと組んで、ロシア（当時のソ連）のコンピュータに念力を送り、電子ファイルを消去する実験をしたこともある。要するに、忙しすぎて、テレビでスプーンなど曲げていられなかった、というのが真相であるらしい。

　そして、90年代に入ってから、ユリ・ゲラーは、また新しいことを始めた。意表を突いて、小説を発表したのである。

　その小説、『エラ』（Ella）は、ひと言でいえば、スティーヴン・キングの『炎の少女チャーリー』（Firestarter）に似た超能力スリラーである。しかも、疑う人はいるにせよ、「超能力者」と

いわれる人物が超能力小説を書いたのだから、元スパイが書いた
スパイ小説や、服役中の犯罪者が書いた犯罪小説のように、迫真
の描写が連続している。

堂々とした描写力や構成力で 書かれた超能力少女エラの物語

　筋立ては、まあ、よくある話で、ロンドンの貧しい家庭に育っ
た14歳の少女エラが、超能力に目覚め、全英の、さらには全世
界の注目を浴びて、さまざまな思惑を秘めた大人たちの陰謀に巻
きこまれ、殉教者のように昇天する、という物語だが、小説家の
技量は、奇抜な筋立てを考える能力より、描写力や構成力で測ら
れるべきものだろう。

　ユリ・ゲラーの描写力や構成力はどうかというと、これが、実
に堂々としているのだ。作者名を伏せて評論家に読んでもらえば、
10人のうち7人は、有望な新人が登場した、と評するに違いない。

　14歳の誕生日が近づいた頃、エラは天使の夢をよく見るよう
になった。そして、誕生日の夜、天使の夢から目覚めて、気がつ
くと初めて空中浮揚していた、という場面は、次のように描かれ
ている。

**The lights, like a flame hissing through water, reached her
face. For one moment, she saw an angel in the blue sky. The
angel's silver hair flowed almost to its feet, and its hands were
clasped straight before it. She wanted to believe the angel was
pleading for her to go with it, but she could not make out its
face against the blindingly intense glow. And then she was
conscious of nothing but the lights.**

That was the end of the dream.

**She always woke up with a void behind her ribs, as if she
had forgotten to breathe properly.**

**This time, when Ella woke up, she was floating several feet
above her bed.**

　光は、しゅるしゅる音をたてて水の中を走る炎のように、エラ
の顔に近づいた。一瞬、青空に天使が見えた。天使の銀色の髪は
足に届くほど長く、手は体の前でまっすぐ握り合わされている。
天使は一緒に行こうといっているのだ ――エラはそう思いたかっ
たが、目がくらむほどまぶしい光の中で、天使の表情はよくわか
らなかった。そのあと、光以外のものは意識から消えた。

　それが夢の終わりだった。

　目が覚めると、ちゃんとした呼吸のしかたを忘れたように、い
つも胸に空洞が開いて苦しくなる。

　その夜、目が覚めたとき、エラはベッドから数フィート上に浮
かんでいた。

　自分の得意分野を処女作のテーマに選んだ新人作家のはまりやすい陥穽は、知識にまかせ、何でもかんでも描写しようとして、文章の糸が混線してしまうことだが、ここでは抑えた筆致でうまく話を運んでいる。それだけでも立派なものだと思う。

　冒頭の話に戻って、四十数年前のあの日、何が起こったかというと、私がこすっていたスプーンは、日なたに出しっぱなしにしてあった棒飴のように、突如、ぐにゃりと曲がったのである。ユリ・ゲラーについては半信半疑だったが、そのときから気持ちは「信」のほうに少し傾いた。

　聞くところによると、ユリ・ゲラーは、念力でこの小説をベストセラーにする、といっていたそうだが、たしかにそこそこ売れたようである。

書籍情報

Ella, Uri Geller, Headline Book Publishing 刊
『エラ』ユリ・ゲラー著、小谷まさ代訳／徳間書店刊

舞台はロンドンの地下鉄。
乗客たちが主役の
風変わりな群像小説

253

by Geoff Ryman

『253』

ジェフ・ライマン

1 863年1月10日（日本でいえば江戸末期の文久三年）、世界初の地下鉄がロンドンで営業を開始した。ビショップ・ロード（今のパディントン）からファーリントン・ストリートを結ぶ短い線で、駅は全部で七つしかなかったという。現在、ロンドンの地下鉄は路線の数も12に増え、およそ270の駅があって、毎日、百万人近い人が利用している。

その路線の中に、ベイカールー線というのがある。これは1906年に開通した古い線で、その妙な名前（Bakerloo）は、本来の起点と終点、ベイカー・ストリート（Baker Street）とウォータールー（Waterloo）の名前を合成したものである。

そのベイカールー線も、今では全長14マイルに延び、駅の数も25に増えて、ロンドンを南北に横断している。北の端にあるのがハーロウ＆ウィールドストーン（Harrow & Wealdstone）という駅で、南の端にあるのがエレファント＆カースル（Elephant & Castle）という駅である。

　ロンドンの地下鉄は、だいたい7両編成で走っている。そして、各車両には36の座席がある。つまり、満席で、かつ立っている者がいない状態なら、全部で252人の乗客を運ぶことができる。運転士を加えれば、その数は253になる。

　今回紹介する本は、ジェフ・ライマン（Geoff Ryman）という人が書いた小説で、*253*というタイトルがついている。題名の意味は、以上の説明ですでにおわかりだろう。これは、ロンドンの地下鉄を舞台にした小説である。ただし、小説といっても、かなり風変わりなものだ。ページを開くと、全体が253のセクションに分かれていて、乗客252人と運転士一人の外見や、経歴や、今考えていることが、それぞれのセクションで描写されている。

　電車に乗っているとき、隣の席や正面の席にいる乗客を見ながら、この人はどんな人だろう、と考えることがありますよね。そこから発想を進めて、7両の地下鉄に乗り合わせた253人全員の人生を253の章で描いたのがこの「小説」なのである。ついでにいうと、凝ったことに、各セクションの単語数は、253語ちょうどに収まるようになっている。

> ## ベイカールー線に乗り込んだ乗客たちの
> ## それぞれの人生の断片が描かれていく

　1995年の1月11日、ベイカールー線を走っている満員の地下鉄が、エンバンクメントの駅を出て、三つ先にある終点、エレファント＆カースルに向かっている、という設定である。

　小説として、筋書きなどはないに等しいが、それぞれの乗客の人生の断片がウィットに富んだ皮肉なタッチで描かれていて、かなり面白い。

　その中で、一つだけ、ちょっと下品なエピソードを紹介すれば、

ジェフ・ライマンは1951年生まれのカナダの作家で、五作目に当たる*253*は、実はインターネットで1996年に発表された小説である。ネット上で読めば、253のセクションをクリック一発で自由に移動できるようになっていた。この印刷版（print remix と題されている）は1998年に Flamingoのペーパーバックで出た。そのあと、『夢の終わりに…』(1992)、『エア』(2005) といった長篇や、「征たれざる国」(1984)「ポル・ポトの美しい娘」(2006) といった短篇が翻訳されている。

一両目の27番目の席には、ダニー・ジャレットという女性がすわっている。

　ダニーは、真っ赤なパンツスーツを着て、手帳に何か書き込みながら、くすくす笑っている。つまり相当「危ない」感じの乗客である。その職業は、エレファント＆カースルにある厚生省の職員だが、実は、彼女にはもう一つの顔がある。仕事を終えたあと、女性コメディアンとして、近所の寄席に出ているのだ。今は、地下鉄の中で、今夜の舞台でしゃべるネタを考えている。

She is aware that the woman next to her is reading over her shoulder and is stiffening with shock.

This is providing Danni with a great deal of inspiration. Sammy the Sperm Cell has just discovered that he's been shot up someone's arse and has been making love to a turd. Danni then asks the audience: have you ever been up someone's arsehole? Tastes terrible, doesn't it? First time I did it, I went home and stuck my face in a bucket of Flash. Whenever I do it

now, I get a Flashback. Ho ho.

　彼女は、隣の乗客が肩越しに手帳を覗き込んで、ぎょっとしているのに気がつく。

　その反応を見て、ダニーは新しいネタを思いつく。精子のサミーは自分が誰かの尻の穴に発射されたことに気がつきました。大便を相手にセックスをしたのです。そこまで話してから、ダニーは観客に問いかける。みなさん、人のお尻の穴に入ったことありますか？　くっさいですよね。あたしが最初に人のお尻の穴に入ったときは、家に帰ってすぐフラッシュ（洗剤の名前であり、隠語でおしっこの意味もある）をバケツに入れて顔を突っ込みました。おかげで、今でも同じことをすると、そのときのことが甦ってくるんです。これがほんとのフラッシュバック。なんちゃって。

　そのネタを途中まで手帳に書いたとき、鉛筆が折れる。そこで、W・H・スミスの売店で新しい鉛筆を買うため、彼女はウォータールーで電車を降りる。

　次のセクションでは、ダニーの手帳を覗いてぎょっとしたオールドミス、フローラ・マッカーディーの外見や、経歴や、今考えていることが描かれる、といった具合に、話はつながってゆく。

　乗客の中には、イギリス人だけではなく、スペイン人の観光客もいるし、日本人の留学生もいて、バラエティに富んでいる。また、マーガレット・サッチャーとか、ジェフ・ライマンとか、アンネ・フランクといった、どこかで聞いたような名前の乗客もいるが、実在の人物とは何の関係もない。人を食った話だが、たとえば、マーガレット・サッチャーという乗客は、屋根葺きの職人（英語ではサッチャーという）なのである。

　先に、筋書きなどはないに等しい、と書いたが、実は最後に大

きなクライマックスが待ちうけている。

　その列車の運転士は、トルコからイギリスにやってきた政治学者だが、エスニック系の学者には大学で仕事がなく、今はこうして地下鉄に勤めている。昨夜、彼は、友人たちとイスラム原理運動に関する激論を交わし、ほとんど寝ていない。そして、つい居眠りをして、その結果、最後に列車は大事故を起こして、乗客のほとんどは死んでしまうのだ。

書籍情報

253, Geoff Ryman, Flamingo刊

本物の貴族作家が
階級意識むきだしに
書いた恋愛小説

The Pursuit of Love

by Nancy Mitford

『愛を求めて』

ナンシー・ミットフォード

　最近ではいろいろな職業を経験した人が小説を書くようにな
った。小説は誰が書いてもいいのだが、日本にいないのは
貴族の作家である。イギリスの小説を読んでいると、貴族、もし
くはそれにあこがれる階層の作家が、上流の生活を描いた作品を
よく見かける。19世紀には、その種の作品が流行して、「silver
fork派」というあだ名をちょうだいしたこともあるという。silver
fork、すなわち「銀のフォーク」で、貴族の象徴ですね。

　今回、話題にするナンシー・ミットフォード（Nancy Mitford）
は、二代目 Redesdale 男爵の子女で、貴族階級出身の作家である。
お祖父さんは法務長官や国会議長などを務めた人。ちなみに、
Redesdale は、「レデスデイル」ではなく、「リーズデイル」と読む
らしい。貴族の名前は、一般的な英語の綴り通りに読めないこと
があるので注意を要する。

　ミットフォードさんは、1904年生まれ。日本の女性作家でい
えば、佐多稲子や幸田文と同じ年の生まれで、第二次世界大戦前

から小説を書いていたが、1945年に *The Pursuit of Love*（愛の追跡＝愛を求めて）を発表して人気作家になった。この小説は何度も版を重ねているが、しばらく前に、ほかの二作品（*Love in a Cold Climate*、*The Blessing*）と合わせてペンギン・ブックスのクラシック部門で久々に再刊された。

　The Pursuit of Love は、ファニーという貴族の娘が語り手になって、6人の従姉妹と一緒に成長し、社交界にデビューして、それぞれに結婚する過程を描いたものである。ファニーは両親が離婚したので（父も母もそれぞれに愛人をつくって外国に移住している）、叔父さんの館で従姉妹たちと暮らしているのだが、その叔父さんというのが、実に偏屈な貴族で、妻や娘たちに煙たがられている。この人物関係は自伝的なものらしく、変人の貴族の父親をもつ6人姉妹、というのは作者が育った環境そのものだという。つまり、ファニーという架空の語り手を使って、自分のことを書いたわけである。

　貴族の館を舞台にして、四季折々の風俗習慣やロンドン・パリの社交界を描き、しかも題名が「愛を求めて」なら、女性誌の英国特集に夢中になる読者や、『ダウントン・アビー』などの英国ドラマ・ファンが好きそうな話だと思われるかもしれないが、実はそれだけではない。作者が本物の貴族であるということは、描写の隅々にまで貴族の意識が染み通っているということで、たとえばロマンス小説なら、いくら貴族を主人公にしていても、一般人の感覚が根底にあるものだが、その種の読物とは根本的に違うのである。簡単にいえば、すべての描写が貴族階級の意識で染め上げられており、庶民の思惑など眼中にない、というところがパタリロ的（わかります？）で面白い。

貴族階級の話し言葉をリアルに描写
ぜひ原文で味わいたい

たとえば、主人公たちが成長し、従姉妹のリンダが理想の結婚相手らしき男性と巡り会ったとき、語り手のファニーは次のような感想を述べる。

But she was filled with a strange, wild, unfamiliar happiness, and knew that this was love. Twice in her life she had mistaken something else for it; it was like seeing somebody in the street who you think is a friend, you whistle and wave and run after him, and it is not only not the friend, but not even very like him. A few minutes later the real friend appears in view, and then you can't imagine how you ever mistook that other person for him. Linda was now looking upon the authentic face of love, and she knew it, but it frightened her.

しかし彼女は、身に覚えのない荒々しい不慣れな幸福に満たされ、これこそは愛だと気がついていました。その人生で二度にわたってほかのものを愛と勘違いしていた人なのです。ちょうど、道で会った誰かを友だちだと思って口笛を吹き、手を振り、駆け寄ってみると、別の人であったばかりではなく、似ても似つかない人だったとわかったときのようでした。数分後に当の友人が現れてみると、なぜほかの人と間違えたのか、さっぱりわからないようなものです。リンダは本当の愛を眼前にしていたのでした。しかも、それに気がついていながら、恐れていたのです。

ナンシー・ミットフォードは1904年に生まれて1973年に亡くなった作家。学校には行かず、教育はすべて家庭教師から授かった、というのは貴族だからである。28歳のときに結婚して、退屈しのぎに小説を書き始める。*The Pursuit of Love*がベストセラーになったあと、夫と一緒にパリに移り住んで、死ぬまでそちらを生活の拠点にした。小説以外では、人の悪口が満載された書簡集が面白い。

　実をいうと、この段階で、リンダは2回結婚している。ここに登場する男は、3人目の夫の候補者なのである。この主人公たちが口にする「愛」というのは、いわゆる純愛ではなく、家柄とか財産とか、われわれから見れば「打算」の要素がかなり濃い愛なのだ。そういう恋愛小説を、いけしゃあしゃあと書けるのが、貴族作家の特権なのだろう。

　映画にもなったヘンリー・ジェイムズの『鳩の翼』を見てもわかるように、イギリスの貴族が意地悪というのは周知の事実だが、その意地悪な（関西弁でいうと「いけず」でんな）視点で書かれた小説が普通のロマンス小説と違うのはいうまでもない。しかも、嫌味ったらしく、ときどきフランス語の会話が入ったりする。これはけなしているのではなく、その嫌味なところが小説としての長所になっている、と褒めているのだ。ついでにいうと、ミットフォードさんは会話を書く才能に恵まれていて、この小説も貴族階級の話し言葉を活写した作品として知られているので、ぜひ英語で読んでみることをお勧めする。

　前述のように、作者は6人姉妹で、その長女に当たるが、妹た

ちも文筆の道に入っていて、英国文学史では、「ミットフォード・シスターズ」として知られている。妹の一人、ジェシカは小説家で、のちにアメリカに渡った。もう一人の妹、ダイアナは、悪名高い英国ファシスト党のオズワルド・モズリーと結婚した。別の妹、ユニティは、第二次世界大戦中、ヒトラーの賛美者になり、ドイツ第三帝国の崩壊と共に拳銃自殺を図り、それがもとで早死にした。こういう妹たちが、*The Pursuit of Love* の6人姉妹のモデルになっているのだから、面白くないわけがない。

　日本でもかつて裕福な階層の人を「アッパー（略称 U）」といい、そうでない人を「ノン・アッパー（略称 Non-U）」というのが流行したことがあるが、*Noblesse Oblige* という本（1956年）の中でその言葉を初めて使ったのが、このミットフォードさんなのである。庶民は人間ではない、と見下すようなところがあって、毀誉褒貶相半ばする人物だが、小説はこれから先も読み継がれるだろう。作家には少しくらい毒があったほうがいいようだ。

書籍情報

The Pursuit of Love, Nancy Mitford, Penguin刊

秋が深まると
読み返したくなる
ハートリーの小説

The Go-Between

by L. P. Hartley

『仲介者』

L・P・ハートリー

郊外に展開していた古本屋は、今やどこも営業難か、次々に閉店しているのが現状だが、以前は郊外の住宅地に向かう私鉄沿線の道路わきなどに、新古書店やリサイクル書店と呼ばれていた古本屋がぽつんとたっていたものだ。そこに入ると、昔読んだ本が何冊も棚に並んでいて、30年前か40年前にタイムスリップしたような感覚に襲われた。10代や20代の人には理解できないかもしれないが、本が安く買えること以上に、そういう感覚を求めて入店する客も多かったはずである。

　高校生のとき（それこそ半世紀前）に読んで、今はもう手もとにない本に、『恋』というイギリスの長篇小説がある。カンヌ映画祭で賞を取ったジョセフ・ロージー監督作品の原作で、映画の邦題に合わせてそんな題名がつけられていたのだが、当時は、映画も原作も、だらだらしているだけで、ちっとも面白くなかったのを憶えている。

　ところが、その原作者L・P・ハートリー（L. P. Hartley）に興

味があって、あるとき、読み返してみると、一行一行が心にしみて、いささか感動した。こういう小説は、ある程度年を取ってからでないと真価がわからないものらしい。

　それ以来、夏が過ぎ、秋が深まる頃になると、妙に読み返したくなる。原題は *The Go-Between* といい、「仲立ち、仲介者」の意味である。結婚の仲立ちの意味で「仲人」と訳すこともある。

　作者のL・P・ハートリーは1895年生まれで、戦前から短篇や評論を書いていた人だが、戦後は長篇も書くようになり、1953年にこの *The Go-Between* を発表した。

　物語は現代（1950年代）から始まり、語り手の60代の男が、自分の少年時代、つまり、20世紀の初め頃を回想する、というかたちで進行する。回想のきっかけになるのは、一冊の日記帳である。語り手の「私」は、ある日、自分が十二、三歳の頃につけていた日記を発見する。小説は次の一節で始まる。

The past is a foreign country: they do things differently there.

When I came upon the diary it was lying at the bottom of a rather battered red cardboard collar-box, in which as a small boy I kept my Eton collars. Someone, probably my mother, had filled it with treasures dating from those days. There were two dry, empty sea-urchins; two rusty magnets, a large one and a small one, which had almost lost their magnetism; some negatives rolled up in a tight coil; some stumps of sealing-wax; a small combination lock with three rows of letters; a twist of very fine whipcord, and one or two ambiguous objects, pieces of things, of which the use was not at once apparent: I could not even tell what they had belonged to.

L・P・ハートリーは1895年に生まれ、1972年に亡くなった。アメリカの作家でいえば、F・スコット・フィッツジェラルドやフォークナーと同世代である。1953年に発表されたThe Go-Betweenには数種のペーパーバックがあるが、Penguin Booksには1958年から入っていて、版を重ねている。邦訳は角川文庫版のほかに、新潮社版（『恋を覗く少年』昭和30年）もある。没後、伝記が何種類か出ているが、いずれの伝記にもハートリーさんがゲイであったことが記されている。

　過ぎ去った昔は異国である。そこには習慣の違う人々が住んでいる。

　たまたま私が見つけたその日記は、上着の襟につけるカラーを入れておく古びた赤い段ボール箱の底に入っていた。少年時代には、イートン校式のカラーを入れるために使っていた箱である。誰かが、たぶん私の母が、その箱に当時の宝物を仕舞い込んでおいたのだ。中にはいろいろなものが入っていた。外側の殻だけになった干からびたウニの標本が二つ。錆びた磁石が二個。一つは大きく、もう一つは小さいが、どちらもほとんど磁力を失っている。きつく巻かれた写真のネガが数本。封蝋が数個。三列のアルファベットがついている小さな文字合わせ錠が一つ。細い丈夫な糸が一巻き。そして、不可解な品が二つ。何かの部品らしいが、用途ははっきりしないし、何に取りつけられていたものかもわからない。

　冒頭の1行、

The past is a foreign country: they do things differently there.

は、名文句として有名で、映画版でもナレーションで流れている。

> ## 「過ぎ去った昔は異国である」の名文句で
> ## 始まる少年時代の夏の思い出は…

　文章は古風で、ヘンリー・ジェイムズあたりをお手本にしているらしく、コロン（：）とセミコロン（；）がきちんと使い分けられている。この一節では、箱の中に入っていた少年の「宝物」が列挙されているわけだが、お気づきのように、ただでたらめにいろいろなものが挙げられているわけではない。

　野暮を承知で解説すれば、「イートン校式のカラー」というのは、シャツに取りつけて上着から見えるようにする幅広の襟で、この少年が私立学校の生徒であったことを示している。干からびて殻だけになったウニ、というのも意味ありげだし、磁力（magnetism）は磁石が鉄を引きつける力であると同時に、人と人とが惹かれ合う力でもある。写真のネガは過去そのものだし、封蝋や文字合わせ錠はその過去を封印するもので、糸は人間の絆を象徴していると考えることもできる。そして、昔は宝物だと思ったのに、今ではがらくたにしか見えない品もある……。

　語り手の「私」は、12歳のときに裕福な友人に招かれ、その友人のカントリーハウスで夏を過ごすことになる。そして、友人の姉にほのかな恋愛感情を抱く。ところが、彼女のほうは小作人の青年に恋をしている。もちろん、身分違いなので、その恋愛は人知れず進行している。12歳の「私」は、ラブレターを届ける役を頼まれたりして、二人の恋愛の仲介をしているうちに、秘密めいた大人の世界を知るようになる。

　L・P・ハートリーは不思議な作家で、戦前には、残酷趣味と皮

肉に彩られた怪奇小説の短篇をたくさん書いていた。戦後は、20世紀初頭のイギリス人を描いた自伝的長篇、*Eustace and Hilda*（1944年）で注目を集めた。この *The Go-Between* も過去の話だが、そのあとには、『顔の正義』（*Facial Justice*）という SF も書いている。美貌が犯罪と見なされる未来社会に生まれた美女が社会から迫害される、という変な話である。

　——先日、まだ生き残っている近所の新古書店に行ったところ、角川文庫版の『恋』があって、百円＋税という値段がついていた。少し迷ったが、結局、買わずに帰った。過ぎ去った昔は異国であり、そこにはもう私は住んでいないのだ。

書籍情報

The Go-Between, L. P. Hartley, Penguin Classics 刊
『恋』レスリー・ポールズ・ハートリー著、森中昌彦訳／角川文庫刊
『恋を覗く少年』L・P・ハートレイ著、蕗沢忠枝訳／新潮社刊

短篇の名人
ロアルド・ダールの童話は
大人をも魅了する

The Vicar of Nibbleswicke

by Roald Dahl

『ニブルズウィックの牧師さん』

ロアルド・ダール

1 990年に亡くなったロアルド・ダール（Roald Dahl）は、世界中に読者をもつしあわせな作家だった。初期の頃は「短篇の名人」といわれ、『あなたに似た人』という短篇集（原題は *Someone Like You*、ペンギン・ブックスに入っていて、翻訳はハヤカワ文庫から出ている）などは、半世紀ほど前から小説好きの必読書になっている。やはりすでに亡くなった日本の作家、森揺子さんも、デビューしたときに「ロアルド・ダールのような短篇を書きたい」といったはずである。松本清張もダールの短篇を下敷きにした作品を書いている。

「南から来た男」や「味」といった代表作（どちらも『あなたに似た人』に収録）は、ギャンブル愛好家、ワイン収集家などを扱って、いかにも洒落た大人の小説だったが、どういうわけか、1960年代以降のダールは、童話作家に転身してしまった。もしかしたら、今の読者の中には、ロアルド・ダールのことを児童文学者だと思っている人がいるかもしれない（映画や舞台になった

『チャーリーとチョコレート工場』が有名ですね）。

　ここで思い出話をすれば、数十年前、列車でイギリスを旅行したとき、スコットランドに近い田舎の駅で、乗り換え列車の到着を2時間ほど待たされたことがある。あちらの国鉄（今は民営化）は、時刻表通りに来ないのが普通なのである。待合室には、幼い女の子を連れた若い母親と、スコットランド訛りの老夫婦がいた。この老夫婦のじいさんのほうは、まだ昼下がりだというのに早くも酔っ払っていて、いろいろこちらに話しかけてきたのだが（「なに？　日本から来た？　ちょっと待て。前に日本の首都の名前を聞いたことがある。ええと、あれは、たしか、そうじゃ、ヨコハマだろう！」）、親子連れのほうはベンチで本を読んでいた。

　人がそばで本を読んでいると、何だか気になるもので、じいさんの相手をしながらちらちら見ているうちに、表紙が目に入って、ロアルド・ダールの童話だとわかった。そのお母さんも、初めのうちは子供に読んで聞かせていたのだが、やがて自分が話に引き込まれたらしく、そばに娘がいるのも忘れて、熱心に黙読を始めた。当然、子供のほうは、窓の外を見ながら、つまらなさそうな顔をしていた。

　ダールの童話には大人を夢中にさせる魅力があるらしい、と気がついたのはそのときである。

> ## 奇妙な言語障害をもつ
> ## 牧師が田舎町に着任して…

　ダールの童話は、日本でもあらかた翻訳されているが、現地では亡くなったあとも遺作が何冊か出版されている。今回紹介する『ニブルズウィックの牧師さん』（*The Vicar of Nibbleswicke*）もその一冊で、短いながらもなかなか楽しめる作品だ。

　ひと言でいえば、これは言語障害の若い牧師のお話である。主人公のリー牧師は、子供の頃、言語障害に苦しみ、どうにか克服したはずだったが、新任の牧師としてニブルズウィックという田舎町に着任したとたん、またその障害に苦しみ始める。ただし、彼の症状は特殊なもので、ときどき単語が逆さまになって口から出てくるのだ。たとえば、こんな具合である。

'My dear Miss Twerp!' cried the Reverend Lee. 'I am your new rotsap! My name is Eel, Robert Eel.'

A small black and white dog appeared between Miss Prewt's legs and began to growl. The Reverend Lee bent down and smiled at the dog. 'Good god,' he said. 'Good little god.'

'Are you mad?' shouted Miss Prewt. 'Who are you and what do you want?'

'I am Eel, Miss Twerp!' cried the vicar, extending his hand. 'I am the new rotsap, the new raciv of Nibbleswicke! Dog help me!'

　「どうも、トゥワープさん！」と、リー牧師はいった。「新任の者牧です。イールと申します。ロバート・イールです」

　そのとき、白と黒のぶち犬がミス・プリュートの足もとに現れ、低くうなり始めた。リー牧師はしゃがみ込んで犬に笑いかけた。「いい神ですね」と、彼はいった。「かわいい神さまだ」

　「あなた、頭がどうかしてるんじゃないの？」と、ミス・プリュートはいった。「いったい何者？　何の用？」

　「私はイールです、ミス・トゥワープ！」そう叫びながら、牧師は手を差し出した。「ニブルズウィックの新しい者牧、新しい師牧の！　犬さま、助けてください！」

Dahl というのは、イギリス人にしては珍しい姓だが、ロアルド・ダールの両親はノルウェーの人。ダール本人は、1916年にウェールズで生まれた。1950年代から人気作家になり、映画のシナリオ（『007は二度死ぬ』）も書いている。代表作は、ほとんどすべてがTVの「ヒッチコック劇場」でドラマ化された。その全短篇はペンギン・ブックスで読むことができる。この童話は1992年にペンギン・ブックスのペーパーバックになった。日本では2種類の翻訳が出ているが、久山太市訳は『ねぶそくの牧師さん』、柳瀬尚紀訳は『したかみ村の牧師さん』という題になっている。

　要するに、Prewt という名前は Twerp になり、pastor（牧者＝牧師の別名）は rotsap（「馬鹿げたウィスキー」と解釈できなくもない）になって、vicar（牧師）は raciv になるのである。犬（dog）と神（god）がさかさまになるのも困ったものだが、自分の名前、Lee は、何と、Eel（うなぎ）になってしまう。玄関にやってきた人が、「わたしはウナギです」と自己紹介すれば、誰だって驚くだろう。

　奇妙な言語障害をもつ牧師がやってきて、田舎町に愉快な騒動が起こる、というのは、童話の筋としてやや異色だが、言語障害というテーマをダールが選んだのには理由がある。もともと、この作品は、ロンドンの言語障害治療センターの依頼を受け、晩年のダールが無償で書いた童話だったのだ。最初はその言語障害治療センターのパンフレットでしか読めなかったものが、こうして普通の本のかたちで改めて出版されたのである。

　このように、亡くなる前のダールには、福祉団体や公共団体のために、原稿料なしで書いた作品がいくつかある。たとえば、はじめに書いた旅行のとき、イギリスの国鉄の駅に、線路で遊ぶの

はやめましょう、といった注意を書いた「子供のための安全のしおり」が置いてあったのだが、手にとって読んでみると、内容が童話仕立てになっていて、めっぽう面白かった。無料だったので、何冊かもらってきたが、あとでよく見ると、そのパンフレットもロアルド・ダールが書いたものだった。

書籍情報

The Vicar of Nibbleswicke, Roald Dahl, Puffin Books 刊
『ねぶそくの牧師さん』ロアルド・ダール著、久山太市訳／評論社刊
『したかみ村の牧師さん』ロアルド・ダール著、柳瀬尚紀訳／評論社刊

サスペンス・ミステリの
書き手が気がつけば
児童文学の人気作家に！

The Cat Mummy

by Jacqueline Wilson

『ねこミイラ』

ジャクリーン・ウィルソン

ペーパーバックがすらすら読めるようになるにはとにかく乱
読することだ、という話をどこかで聞いて、イギリスの新
しめのミステリを手当たり次第に読みあさっていた時期がある。
新刊書は高いので、古本屋に行って、一冊百円のペーパーバック
を月に30冊くらい買っていた。一日一冊である。その乱読体験
はとても役に立ったと思っている。

イギリスのミステリにかぎったのは、なんとなく英語がわかり
やすそうだと思ったからだが、結局、その後、イギリスのミステ
リを翻訳してお金をもらうようになった。乱読がそのまま職業訓
練を兼ねていたわけである。

そのとき見つけた作家に、ジャクリーン・ウィルソン
（Jacqueline Wilson）という女性作家がいる。ミステリといっても
サスペンス系の人で、郊外に住む若い夫婦を主人公にして、平凡
な生活を送っていた人間が夫の失職や妻の不倫をきっかけに犯罪
に走る様子を丁寧に描き込んで鮮やかだった。

　たとえば、不倫相手の子供を身ごもったことに気がついた若い
主婦が、新聞の人生相談に同じような投書があったことを思い出
し、生ごみを包んでいた古新聞をごみ箱から取ってきて、卵の殻
やホワイトソースのぬるぬるがついた紙面を広げ、熱心に読みふ
ける、などという場面は、今でもよく憶えている。

　ウィルソンさんはその後ミステリの世界から遠ざかったので、
新作は読めなくなったが、あれから四十数年、気がつくと児童文
学の作家としてよく名前を見かけるようになっていた。ウィルソ
ンさんの児童文学作品はイギリス国内だけで800万部売れている
そうだから、押しも押されもせぬ人気作家である。

　なつかしくなって、2001年に出た『ねこ ミイラ』(*The Cat
Mummy*)という本を読んでみた。8歳以上の子供向けという本だ
が、なかなか面白い。

> ## 話し相手の猫のメイベルが死んで
> ## 主人公の女の子は…

　主人公はヴェリティという小学生の女の子。家族は、お父さん
と、おじいさんと、おばあさんで、お母さんはいない。お母さん
はヴェリティが生まれたときに死んだのだ。ヴェリティが飼って
いる猫のメイベルは、そのお母さんが大事にしていた猫で、もう
かなり年を取っている。ヴェリティはお母さんのことをまったく
知らないので、母親がいなくても別に淋しいとは思っていない。
家族も気を遣って、お母さんの話はなるだけしないようにしてい
る。

　だが、ヴェリティも本当は淋しいので、猫のメイベルを相手に
お母さんの話をしている。

　話はそのヴェリティの一人称で語られる。ある日、猫のメイベ

乱読者のノートから

ジャクリーン・ウィルソンは1945年英国のバースに生まれる。19歳で警察官と結婚して一児をもうける。子供の本の作者としては、ある年のペーパーバック版児童書売り上げベストテンの中に、6冊も著書が入ったほどの人気者である。洗濯機が嫌いで、洗濯は今でも手洗いだという。*The Cat Mummy* は2001年の初版で、2002年には Corgi の Yearling というシリーズからペーパーバックが出た。彼女の作品は日本でもたくさん翻訳されているので、ご存じのかたもいらっしゃるだろう。この *The Cat Mummy* は『わたしのねこメイベル』という題で小峰書店から出ている。

ルが病気になる。

When I got home from school I ran into the hall and stepped straight into this little mess of cat sick.

'Y-u-c-k!'

I was wearing open-toed sandals, which made it a lot worse. I hopped around going, 'Yuck Yuck Yuck' and Gran sighed and hurried me into the kitchen and got a bowl of water and a cloth and some disinfectant.

Mabel was dithering at the end of the hall, hanging her head.

'Honestly, Mabel! Why do you have to throw up right where I'm going to walk in it? What have you been eating, you naughty cat? You're disgusting!'

Mabel drooped and slunk away.

学校から帰って玄関ホールに入ったら、メイベルのゲロをふんじゃった。

「げっ！」

つま先のあいたサンダルをはいていたから、サイアクだった。「げっ！　げっ！　げっ！」といいながらぴょんぴょん跳びはねていると、おばあちゃんはため息をついて、わたしをキッチンにつれていき、水をはったらいと、布と、何かの消毒薬を持ってきてくれた。

メイベルは玄関ホールの隅っこでうなだれて、おろおろしていた。

「なんなのよ、メイベル！　あたしの歩くところにどうしてゲロなんか吐くの？　いったいなに食べたのよ、このいやしんぼ。ほんとにいやになるわ！」

メイベルはしょんぼりして、とぼとぼ去っていった。

それっきりメイベルは姿を消し、何日かたって、ヴェリティは自分の部屋の洋服ダンスの中でメイベルが死んでいるのを見つける。家族に話すとメイベルはこのまま埋葬されるに違いない。そこで、いつまでも手もとに置いておきたいと思ったヴェリティは、死体を見つけたことを誰にも話さず、家族に内緒でメイベルのミイラをつくろうとする。ちょうど学校で古代エジプトの勉強をしているところで、ミイラのつくり方も教わったのだ。

本当は脳みそや内臓を取り出して、特殊な塩で死体を処理しないといけないのだが、幼いヴェリティにそんなことはできず、バス・ソルト（もちろん入浴剤だが、いい匂いがするし、ソルト＝塩だから、ミイラづくりの塩の代用品になるだろう、と考える）をメイベルの死体にまぶし、包帯でぐるぐる巻きにして、その包帯にエジプトの象形文字を書く。そして、それをバッグに入れ、洋服ダンスに隠して、ミイラになるのを待つことにする。このあたりのグロテスクなユーモアはなかなかのもので、妙な生活感に

あふれているところは、前述の不倫主婦と古新聞のエピソードを思い出させる。

　ヴェリティは悲しみに打ちひしがれながら毎日学校に通っているが、優しい先生がヴェリティの異変に気がついて、家を訪ねてくる。一方で、メイベルのミイラは、だんだん腐ってきて、異臭を発するようになる。昔取った杵柄か、このあたりはなかなかサスペンスフルに書けていた。

　全体としては、母親を知らない少女が、母親ゆかりの猫の死をきっかけにして、母親の不在と折り合いをつける、という話で、ちょっとした傑作ではないかと思う。

　ついでにいうと、ミイラを意味する単語はもちろん mummy だが、イギリスでは「お母さん（マミー）」のことも mummy と書く（アメリカでは mommy）。発音はまったく同じで、作者はそれを承知で *The Cat Mummy* という話を書いたのだろう。

書籍情報

The Cat Mummy, Jacqueline Wilson, Corgi 刊
『わたしのねこメイベル』ジャクリーン・ウィルソン著、吉上恭太訳／小峰書店刊

切れ味鋭い文章で
じわじわ怖くなる
ホラー大家の傑作短篇集

Alone with the Horrors

by Ramsey Campbell

『恐怖と二人連れ』

ラムジー・キャンベル

眠 っていたあなたは、夢の中でいやな気配を感じ、ふと目を開ける。すると、長い髪をした血まみれの女が、ベッドのわきにしゃがんで、あなたの顔を覗き込んでいた。

　――というようなことが実際に起こったら、誰でも怖いと思うはずである。いや、怖いどころではないかもしれない。ホラー系の小説や映画に出てきそうなシーンだが、このあとをどう続けるか、易しいようで意外に難しい。

　血まみれの女はナイフを振りかざし、あなたに襲いかかった、という展開なら、サイコ・ホラー。

　血まみれの女はにやりと笑うと、壁の中に消えていった、というのはゴースト・ホラー。

　にやりと笑い、「イア！　イア！　ハスター！」とか「フングルイ・ムグルウナフー・クトゥルフ・ル・リエー・ウガ＝ナグル・フタグン！」とか、わけのわからない呪文を唱え始めたら、たぶん邪神ホラーである（かつて地球を支配していた邪悪な神が目覚

めてふたたび人類を奴隷化しようと画策する話）。

　パターンはこの三つぐらいで、あとは動機面（なぜサイコ化したか、なぜ化けて出たか、なぜ邪神を目覚めさせたか）や斬新な切り口で新味を出すしかない。

　そんなわけで、ホラー小説を書くのはなかなか難しいと思うが、英米には、手を変え品を変え、何十年もホラー小説を書き続けている作家がいる。イギリスではラムジー・キャンベル（Ramsey Campbell）がそういう作家として有名である。

　そのキャンベルさんがこれまでに書いた短篇の中で、自信作ばかりを集めた自選集に、*Alone with the Horrors: The Great Short Fiction of Ramsey Campbell, 1961-1991* という作品がある。仮に『〈恐怖と二人連れ〉ラムジー・キャンベル傑作短篇集・1961-1991』とでも訳しておこうか。とりあえずこの作家のものを読んでみたいという人がいたら、まずこれをお薦めしたい。

　1961年はキャンベルさんがデビューした年、それから30年のあいだに書いた短篇中、作者が傑作、秀作と認めたものが、この本には集められている（作者の序文つき）。

　全部で37の短篇が発表年代順に収録されているので、続けて読めば作風の変化がよくわかる。たとえば、最初の短篇は典型的な邪神ホラー。そのあと、ゴースト・ホラーやサイコ・ホラーを経て、解決のない、悪夢そのもののような不思議短篇に至っている。中期の作品には尋常な感覚世界を超越した不可解な描写がときおり出てくるが、そんな短篇は幻覚剤をキメながら書いていたらしい。当然ながら、翻訳にはかなりの困難を伴う。

　ただし、ちょっとしたコツを覚えれば、英語で読むぶんにはさほど難しくない。たとえば、「隙間」（*The Gap*）という話（1977年発表）は、次のように始まる。

Tate was fitting a bird into the sky when he heard the car.

　もちろん、「小鳥を空にはめようとしていたとき、テイトは自動車の音を聞いた」という意味である。「小鳥を空にはめる（fitting a bird into the sky）」という表現に、誰もが一瞬ぎょっとするだろう。しかし、ジグソーパズルをやっているのだ、とすぐにわかる。錯覚を誘うような文章を書くのがキャンベルさんの特徴だが、そこでめげずに、次の文か次の段落まで読み進めれば、いったんは解決される。そして、また、新しい錯覚の罠が仕掛けられる。

駅で足止めされた男が導かれた建物で体験する恐怖

　この中の一編、「手」（*The Hands*）は80年発表の作品で、読んでいるうちに、以前、訳したことがあるのを思い出した。

　セールスマンをやっているある男が、田舎の駅で足止めを食らう。脱線事故があったそうで、当分、列車は動きそうもない。待ちくたびれた男は、ビールでも呑もうと思い、駅の外に出る。すると、クリップボードを持った中年女が、「すみません、アンケートお願いします」といって近づいてくる。そのアンケートとは、知覚力のテストで、すぐそばの建物で行われているという。不思議な尼僧を見かけたのを気にしながら、いわれるままその建物に入った男は、まっくらな室内でさまざまな怪異を目撃する。最後には、「肉屋のような臭い」がする部屋に迷い込み、そういえば、さっき見かけた尼僧は、何やら口をもぐもぐ動かしていたな、と気がつく。分類すれば、「お化け屋敷ホラー」ということになるだろうか。どんでん返しで驚かせるような話ではないので、文章力がないと、ちっとも怖くないホラーになるはずだが、キャンベルさんはさすがに抜かりがない。

ラムジー・キャンベルは1946年リヴァプール生まれ。15歳で作家デビュー、73年から専業作家になる。作品数は、長篇二十数編、短篇集も20冊近くある。英国幻想文学賞や世界幻想文学大賞の常連でもある。本書の元版は1993年に出たが、その後、作品数を大幅に増やした決定版が2004年にTor Booksから出版され、2005年にそれが同社のペーパーバックになった。収録作の*Down There*という短篇（かなり怖い）は、ギレルモ・デル・トロが映画化しようとして頓挫した作品である。

　たとえば、大勢の人間の話し声が聞こえてくる部屋の前にさしかかって、中の様子をうかがう、という場面は、次のように書かれている。

He waited for someone to come to the door, but there was no sound at all. Were they standing quite still and gazing towards him, or was one of them creeping to the door? Perhaps they were all doing so. Suddenly the dark seemed much larger, and he realised fully that he had no idea where he was.

　誰かが出入り口に出てくるのを待ったが、その気配はなかった。誰もがじっと突っ立ったままこちらのほうを見ているのだろうか？　それとも、誰か一人が戸口に這い寄っているのか？　いや、全員が這って近づいてきているのかもしれない。突然、闇がさらに広がったように感じられ、自分のいる場所が本当にわからなくなってしまったのを実感した。

　もちろん、「誰か一人が戸口に這い寄っているのか？　いや、全員が這って近づいてきているのかもしれない」というところが怖い。

　ホラーの文法でいえば、長い髪をした血まみれの女が、ベッドのわきにしゃがんで、あなたの顔を覗き込んでいた、という直説法ではなく、主人公の頭の中で妄想の光景が繰り広げられ（扉の向こうにいる人がみんな這いつくばってこちらに近づいてきている）、その恐ろしさが読者に伝染する、という間接法を使っているところが知的で洒落ているところである。

書籍情報

Alone with the Horrors, Ramsey Campbell, Tor Trade刊

夢見がちなケルト系の血を引く幻想作家リース・ヒューズの短篇集

Nowhere Near Milkwood

by Rhys Hughes

『ミルクウッドのそばのノーウェア』

リース・ヒューズ

先日、TVの報道番組を見ていたら、「ウェールズの市街地で珍しい出来事がありました」という海外面白ニュースをやっていた。

　見ると、私も一度だけ行ったことがあるカーディフの街が映ったが、それだったら「ウェールズの市街地」ではなく、「カーディフの市街地」だろう、とTVに向かって突っ込みを入れていた。

　ご存じのように、ウェールズはイギリス連合王国を形成する四つの地方の一つ（あとの三つはイングランドとスコットランドと北アイルランド）。昔は独立した王国だったが、13世紀からイングランドの支配下に入っている。それ以来、英国皇太子をプリンス・オブ・ウェールズ（ウェールズの王子）と呼ぶのは、もう別の国ではなく、イングランドと一体化していますよ、と念を押すためである。

　カーディフはウェールズの首都で、それを「ウェールズの市街地」と呼ぶのは、東京のことを「関東の市街地」と呼ぶようなも

のだ。いずれにしても、ウェールズやカーディフは日本では知名度が低いということだろう。

　ウェールズ地方は文芸演劇関係の逸材を輩出していることでも有名で、冒険小説のケン・フォレット、競馬ミステリのディック・フランシス、『ミルクウッドの下で』という小説も書いているアル中の天才詩人ディラン・トマス、『パンの大神』という怪奇小説の古典を書いたアーサー・マッケン、演技派で鳴らした美男俳優リチャード・バートン、レクター博士でお馴染みのアンソニー・ホプキンスなどが、とりあえず頭に浮かぶ。

　イングランド人が主にサクソン系（ドイツ人に近い）であるのに対して、ウェールズ人やアイルランド人やスコットランド高地地方の人はケルト系に属する。ケルトの人には「夢見がち」「理性よりも感性が発達している」という特徴があるそうで、最近、注目されている幻想作家、リース・ヒューズ（Rhys Hughes）もウェールズの人である。

　今回、紹介するのは、そのリース・ヒューズの短篇集。これまでヒューズさんの本は Tartarus Press という幻想文学専門の小出版社から出ていたので、手に入りにくかったが（部数が少なくて、高い）、この *Nowhere Near Milkwood* は、アメリカの出版社から出たペーパーバックなので、インターネット通販で簡単に買える。

作風は稲垣足穂と筒井康隆を混ぜたよう？
不条理な短いほら話の数々が面白い

　内容は三部に分かれていて、第一部は、Disability Bill（能なしビル）という名前のバンジョー弾きが語り手になった連作、第二部は Tall Story（ほら話）という名前のパブを舞台にしたほら話の連作、第三部は「裁判ファンタジー」という分類の連作で、それ

リース・ヒューズは1966年にカーディフで生まれた。1980年から、別に発表する気もなく、短篇を何百も書いてきたというが、92年、商業誌に作品が売れ、95年以降、次々に本を出している。本書、*Nowhere Near Milkwood*（普通に解釈すれば「とうていミルクウッドどころではない」という意味だが、実は「ミルクウッドのそばのノーウェア」という意味）は、2002年にPrime Booksからペーパーバックで出版された。それから二十年近くたって、作品数は全部で千篇を超えているはずである。今では活字媒体にこだわらず、新作を電子書籍で出したりしている。ブログも面白いぞ。

がどういうものかはあとで説明する。

　作者のヒューズさんが好きな作家は、カルヴィーノ、ミロラド・パヴィチ、ボルヘス、スタニスラフ・レム、フラン・オブライエン、ナボコフ、ジャック・ヴァンスだという。これは幻想文学好きにはお馴染みの名前ばかりで、まさしくその7人をごっちゃにしたような作風だが、日本の読者には、稲垣足穂と筒井康隆を混ぜたような小説といえばわかりやすいかもしれない。いや、かえってわかりにくくなったか。

　最初の短篇、「月のない側溝で」（*In the Moonless Gutter*）は、バンジョー弾きの能なしビルが、あるパーティに出かけて歌と踊りを披露する話。能なしビルはソングライターでもあるが、月のない夜にふらふら出歩いていて、強盗に頭を殴られ、道路わきの側溝にぶっ倒れているときに、いい歌ができるという変わり者である。その夜、さるお屋敷で開かれるパーティに行くと、なぜか床の真ん中に、地の底まで通じるような大きな穴ができていた。それは、パーティにきている画家が穴の絵を描いたせいである。その画家は、本当にあるものしか描かない画家だったが、たまた

まどこにもない穴を描いてしまったせいで、辻褄を合わせるため、床に穴が開いたのだという（この理屈、わかります？）。ビルが歌い始めると、会場は大混乱をきたし、パーティの主催者は、スケートでもするように、穴の側面を滑り始めた……。もっとたくさん不条理なエピソードが詰め込まれているのだが、簡単にいえばそんな話。

第二部に出てくる Tall Story（ほら話）というパブは、カーディフの街にありながら地図には載っていない「パブの幽霊」である。人間の幽霊が存在するのなら、パブの幽霊があってもいいじゃないか、というのが作者の弁。そこで酒を飲む人は、お金を払わなくてもいいが、かわりにほら話を一つ披露しなければならない。というわけで、そのパブの客が語る、これまた不条理な短いほら話（駄洒落系が多い）が20編収められている。

第三部の「裁判ファンタジー」とは、たとえば、こんな話のことである。

In the old days, of course, murderers were often locked away in dungeons while hurricanes and earthquakes went free. And let there be no doubt that they took full advantage of their freedom. They rushed and shook, shattered and toppled whenever it suited them. They had no conscience.

The first Natural Disaster we arrested was the volcano that erupted on the outskirts of our City when the President was making his inaugural speech.

その昔、いうまでもなく殺人者は地下牢に閉じ込められたが、その一方でハリケーンや地震は大手を振って自由を謳歌していた。それをいいことに、暴虐のかぎりをつくしてきたのは、疑う余地

のないところである。ハリケーンや地震どもは、猛進し、揺らし、砕き、ひっくり返し、勝手放題を繰り返してきた。あいつらに良心はなかった。

　われわれが最初に逮捕した自然災害は、大統領就任演説のさなかに街の郊外で噴火した火山である。

　つまり、これは、自然災害を逮捕して、裁判にかけ、終身刑を宣告する話で、題して「天災裁判」(*The Catastrophe Trials*)。

　馬鹿ばかしいか？　でも、私はこんな話が好きだ。

書籍情報

Nowhere Near Milkwood, Rhys Hughes, Prime Books刊

日本でフェミニズムに
目覚めた作家が描く
欲望と妄想に満ちた世界

The Infernal Desire Machines of Doctor Hoffman

by Angela Carter

『ホフマン博士の地獄の欲望装置』

アンジェラ・カーター

1 940年生まれのアンジェラ・カーター（Angela Carter）は、幼い頃から物語に興味をもち、少女時代からお話を書き続けていた。ブリストル大学に在学していた22歳のときには、*The Story Contest* という小説投稿雑誌に短篇が採用された。たぶん、これが小説家としてのデビュー作だろう。

1966年、つまり26歳のとき、カーターさんは最初の長篇、*Shadow Dance* を発表する。その後、*The Magic Toyshop*（67年）、*Several Perceptions*（68年）と、続けて長篇を出版するが、この二つはいずれも新人作家に与えられる文学賞を受賞している。*The Magic Toyshop* のほうはジョン・ルーウェリン・リース賞、*Several Perceptions* のほうはサマセット・モーム賞である。

面白いのはサマセット・モーム賞で、もちろんこれは、『人間の絆』『月と六ペンス』などの長篇や「雨」「赤毛」などの短篇で有名な W・サマセット・モームにちなんで1947年に創設された新人賞だが、ほかの賞と違って、受賞者には前代未聞の義務が課

せられることになっている。高額な賞金が出るかわりに、その賞金で海外旅行をしなければならないのである。

さて、68年にこの賞を受けたカーターさんはどこを旅行先に選んだか？　28歳のカーターさんは、ユダヤ・キリスト教の文化（いわゆる西洋文化ですね）からできるだけ遠く離れたところへ行こうと思った。そして、日本にやってきたのである。

この異文化体験は、カーターさんにとって、きわめて刺激的なものであったらしく、最初は1年の滞在予定だったのが、結局、2年間、日本で過ごすことになった。そのうちに賞金を使い果たしたので、カーターさんは生活費を稼ぐために働き始めた。

ここでいっておかなければならないのは、カーターさんは、京都の風物に代表されるような、いわゆる日本古来の伝統文化には興味を示さなかったことである。そのかわり、やくざの刺青だの、ポルノ産業だのに興味をもち、東京の新宿にアパートを借りた。働き始めたときも、普通なら、まあ、英会話の講師などをやるのだろうが、カーターさんは日本で知り合ったアメリカ人女性と一緒に、銀座のバーでホステスのアルバイトを始めたのである。写真で見ると、若き日のカーターさんは、黒い髪の、なかなかの美人だから（四十を過ぎてからは銀髪になった）、その仕事も立派に勤まったことだろう。

で、このあとちょっと飛躍があるのだが、銀座のバーでホステスを経験したことから、カーターさんは、突如、フェミニズムに目覚めるのである。いや、突如というのは正しくない。*The Magic Toyshop* という作品も、いわゆるフェミニズム的な感性を土台にした物語だったのだから、もともとその素地はあったことになる。

以後、カーターさんは、『ホフマン博士の地獄の欲望装置』（*The Infernal Desire Machines of Doctor Hoffman*）だとか、『サド

的女性』（*The Sadeian Woman*）といったこわ持てのする本を書いて、男性中心社会に異議を唱え続けた。そして1992年の2月、癌におかされ、まだ五十一の若さで、惜しまれつつ世を去ったのである。

> ## 21世紀になって評価が高まった
> ## シュールで刺激的な作品

　そのカーターさんの中期の代表作が、先ほど題名を挙げた『ホフマン博士の地獄の欲望装置』だが、21世紀になってから評価が高まって、じわじわと読者が増えている作品でもある。

　舞台は南米の架空の国。ホフマン博士というマッド・サイエンティストが、ある装置を発明する。その装置から放たれる波動は、人間の欲望を刺激して妄想をかきたてるばかりか、都市に蓄積された時間を掻き混ぜて、死者の夢や歴史までも甦らせることができる。それによって、男たちは夢に現れる絶世の美女（実はホフマン博士の娘アルバティーナのイメージが投射されている）の幻影に悶々とし、都市の街路には亡霊たちが闊歩し始める。夢と現実の区別がつかなくなったその国は、当然ながら大混乱に陥る。

　「博士はある種のウィルスを発明したのだ。そのウィルスによって精神に癌が発症し、想像力が暴走する。私たちはぜひとも特効薬を見つけなければならない――いや、絶対に見つけてみせる」。そう決意した大臣の依頼で、下級役人デジデリオは、ホフマン博士を暗殺せよ、という指令を引き受ける。そして、博士が住む城を目指して、変わり果てた国土を旅することになる。デジデリオは夢に現れたアルバティーナに恋をしていたので、それは、まだ対面が叶わぬ恋人に会うための旅でもあった。

　すべてが終わったあとで、老境に入った主人公デジデリオが一

The Infernal Desire Machines of Doctor Hoffmanは1972年にハードカバーが出て、1982年にペンギンブックスでペーパーバックになった。ちなみに、「日本土産」（A Souvenir of Japan）というエッセイ風の小篇でカーターさんが語っていた日本論は、かなり鋭い。拙訳でここに引用すれば、次のようなものである。「この国では偽善が最高の形式にまで高められている。侍を見るときには、まさか人殺しだとは誰も思わないだろうし、芸者も決して娼婦とは思われないだろう。そうした壮麗さはほとんど人間離れしている。この国の人々は表象の世界にだけ住み、そこでさまざまな儀式を行って、人生そのものを華やかな身振りの連続に変えてしまう。それは感動的だが、不条理でもある」。面白いことに、この一節は、見かけと実体が乖離した『ホフマン博士の地獄の欲望装置』の世界にも通じる。

人称でその遍歴を回想するのが、この物語である。語り手は最初から結末を明かしているので（ミッションは成功し、デジデリオはアルバティーナを殺す）、主人公が旅先で遭遇する奇妙な人々や、次々に現れるシュールな光景を、読者はじっくり楽しむことができる。ただし、文体は難物で、結末近く、デジデリオが、祖先の墓地の廃墟でアルバティーナと性的行為に及ぶシーンは、次のような詩的散文で綴られている。

Love is the synthesis of dream and actuality; love is the only matrix of the unprecedented; love is the tree which buds lovers like roses. In white, vestal majesty, she spoke to me of love among the funerary ornaments on the naked mountain and then, I, like an intrepid swimmer, flung myself into the angry breakers of her petticoats and put my mouth against the unshorn seal of love itself. And that was as close as I ever got to consummation.

愛とは夢と実体が統合されたもの。愛とは前例のないものを生む唯一の母体。愛とは恋人たちを薔薇のように芽ぐませる樹。白い純潔の威厳を込めて、彼女が愛について私に語ったとき、その裸の山には葬儀の装飾品が散らばっていた。やがて私は、大胆な泳ぎ手のように、彼女のペチコートの怒れる波に飛び込み、無駄毛が剃られていない愛のしるしそのものに口を押し当てた。私が試みることのできた愛の契りはそこまでだった。

　蛇足ながら、「the unshorn seal of love itself ＝女性の陰部」「consummation ＝結婚の成就＝床入り＝愛の契り」という解釈であります。実は、こういう表現は、ビクトリア朝のポルノ小説によく出てくる。カーターさんは、わざと19世紀の猥本の文体でセックス・シーンを書いているのだ。一筋縄ではいかない作家である。

　この本は2018年に翻訳が出ているが（『ホフマン博士の地獄の欲望装置』図書新聞）、訳者、榎本義子さんのあとがきによれば、実は、これ、千葉県の九十九里浜（！）で書かれた作品なのだという。そういえば、第三章に Nao-Kurai という人物が出てきたが、ひょっとしたら、カーターさんの周辺に、倉井奈生さんという日本人がいたのかもしれない。

書籍情報

The Infernal Desire Machines of Doctor Hoffman, Angela Carter, Penguin Classics 刊
『ホフマン博士の地獄の欲望装置』アンジェラ・カーター著、榎本義子訳／図書新聞 刊

2章

アメリカの小説

都会小説に農民文学、SF、ホラー…

広いアメリカの多彩な小説

アメリカで最も偉大な
無名作家を
一躍有名にした小説

Martin Dressler

by Steven Millhauser

『マーティン・ドレッスラー』

スティーヴン・ミルハウザー

日　本の単行本や文庫本には、「帯」がついていることが多い。「腰巻き」ともいうが、要するに、宣伝文句や推薦文が書かれている細長い紙切れが、本の下の部分に巻きつけられている。たとえば、毬栗アリスという作家が『月夜のらっきょう』という小説を出して、それを渋柿ジュンという評論家が褒めたら、毬栗アリス作『月夜のらっきょう』の帯には、「渋柿ジュン氏絶賛！」という文字が大きく入り、その下に小さめの活字で「『月夜のらっきょう』は魂の暗闇を撃つ一大傑作である。驚愕のラストに号泣せよ！」などという渋柿氏のコメントが載せられるのだ。

　海外のペーパーバックの場合は、帯がつくことはまれなので、「××氏絶賛！」のたぐいは表紙や裏表紙に刷り込まれている。表紙には、むろん、題名と作者の名前が載っているが、お気づきのかたもいらっしゃるように、この作者の名前にも、さまざまな形容句がついている場合がある。たとえば、『クリテイシャス・パーク』というベストセラーを出したことのある作者の新作なら、

By the bestselling author of *Cretaceous Park*!

（『クリテイシャス・パーク』のベストセラー作家による！）

という宣伝文句が刷り込まれるし、かつて何かの文学賞を取ったことのある作家なら、

By the award winning author!

（受賞作家による！）

という謳い文句が添えられる。

ベストセラーを出したこともないし、賞を取ったこともない、という作者の場合は、

By a critically acclaimed author!

という言葉が使われることが多いようである。つまり、「批評家に絶賛された作家による！」だ。要するに、批評家には受けたものの、ちっとも売れなかった、という意味だが、まあ、褒め言葉であることに変わりはない。

この言葉は、新人作家の2作目に使われることが多い。今回紹介する『マーティン・ドレッスラー』（*Martin Dressler*）という小説の作者、スティーヴン・ミルハウザー（Steven Millhauser）も、70年代から活躍しているベテランで、正真正銘の critically acclaimed author である。残念ながら、bestselling author ではなかったので、一般のアメリカ人にはあまり知られていなかったが、作家仲間や文学界での評価はきわめて高く、「アメリカで最も偉大な無名作家」と呼ばれていた時期もある。日本でも、『イン・ザ・ペニー・アーケード』『バーナム博物館』『エドウィン・マルハウス』など、福武書店（現ベネッセ）や白水社から代表作が訳されているので、けっこうファンもいるだろう。

そのミルハウザーさんがアメリカで一躍注目を浴びたのは、この *Martin Dressler* が、1997年度のピュリッツァー賞を受賞したからである。

ホテル王となった男の成功譚かと思いきや
次第にリアリズムがふきとぶ展開に！

There once lived a man named Martin Dressler, a shopkeeper's son, who rose from modest beginnings to a height of dreamlike good fortune. This was toward the end of the nineteenth century, when on any streetcorner in America you might see some ordinary-looking citizen who was destined to invent a new kind of bottlecap or tin can, start a chain of five-cent stores, sell a faster and better elevator, or open a fabulous new department store with big display windows made possible by an improved process for manufacturing sheets of glass. Although Martin Dressler was a shopkeeper's son, he too dreamed his dream, and at last he was lucky enough to do what few people even dare to imagine:

　昔、マーティン・ドレッスラーという男がいた。商店主の息子で、貧しい境遇から身を起こし、夢のような幸運の高みにまで登りつめた。これは19世紀の終わり頃の話で、その当時はアメリカのどの街角にも進取の気性に富む人々がいて、ごく普通の人が、新式の瓶の王冠や缶詰の缶を発明したり、チェーン店の五セント・ストアを始めたり、速くて高性能なエレベーターを売ったり、板ガラス製造の技術革新によって可能になった巨大な飾り窓のある素晴らしいデパートを新しく開いたりしていた。マーティン・ドレッスラーは商店主の息子だったが、彼もまた夢を見て、最後には巡り合わせよろしく、おおかたの人々の想像もかなわないようなことを成し遂げた。

　スティーヴン・ミルハウザー（1943-）はコロンビア・カレッジとブラウン大学の出身者で、1972年の長篇、*Edwin Mullhouse*（『エドウィン・マルハウス』）でデビューしたが、長篇小説より短篇集のほうを多く出している。現在は、ニューヨーク州サラトガ・スプリングズのスキッドモア・カレッジの英語教授を務めるかたわら、小説を書いている。一学期授業を受けもったら、次の学期は休んで小説を書く、という生活であるらしい。本書は1997年にVintage Booksから出版された。邦訳は『マーティン・ドレスラーの夢』（白水社）。

　この書き出し（おとぎ話のスタイルを模している）からもわかるように、これは一種のサクセス・ストーリーで、煙草屋の息子、マーティン・ドレッスラーが、夢のような幸運とみずからの努力の末にホテル王になるまでが描かれている。しかし、その書き方は、普通のベストセラー小説とはまったく違う。19世紀末のニューヨークの風俗はリアリズムで見事に描かれているものの、話が進むにつれて、だんだんファンタジーの色合いが増してきて、ドレッスラーが最後に巨大なホテルを建てる頃になると、リアリズムなどふっとんでしまうのだ。グランド・コスモというそのホテルには世界のすべてが内包されており、ドレッスラー自身の分身もそこに住んでいるのである。

　ちなみに、ピュリッツァー賞とは、「アメリカとは何か」というテーマを追求したアメリカ人の作品に対して与えられるもの。この小説には、*The Tale of an American Dreamer*（あるアメリカン・ドリーマーの物語）という副題がついているが、「アメリカの夢」に関する寓話として読むこともできるだろう。

　シドニー・シェルダンやダニエル・スティールなどの

bestselling author の本しか読んだことのない読者が手に取ったら、途中で投げ出すことになるかもしれないが、受賞を機会に新しい読者を得ることになれば、作者にとっても文学界にとってもめでたいことではないだろうか。ミルハウザーの次作からは、

By the Pulitzer Prize winning author!

という謳い文句が表紙に刷り込まれるはずである。

書籍情報

Martin Dressler, Steven Millhauser, Phoenix 刊
『マーティン・ドレスラーの夢』スティーヴン・ミルハウザー著、柴田元幸訳／白水社刊

ヤッピーの恋愛と挫折を
韻文で書いた
インド系天才作家

The Golden Gate

by Vikram Seth

『ゴールデン・ゲイト』

ヴィクラム・セイト

　　回は、ある天才作家のご紹介。

今　本というものは一年中まんべんなく出版されているように見えるが、少なくとも英米の出版界には、本の出し方にある種のパターンがある。たぶん日本でも同じだろうが、話題作は4月（あるいは5月）か10月（あるいは9月）に出版されるのである。最初からベストセラーを狙っている本が、真冬や真夏に出ることはない。「にっぱち」には商売や興業が盛り上がらないというのは世界共通なのかもしれない。

　Vikram Seth の *An Equal Music*（1999年）という小説も、イギリスで4月に出版された。出版社が力を入れていた作品であることが、それでわかる。

　なぜ力を入れていたかというと、前作の *A Suitable Boy*（1993年）がイギリスだけでなく英語圏全体でベストセラーになったからである。その作家の6年ぶりの新作だったのだ。

　その話の前に、Vikram Seth の最初の小説、『ゴールデン・ゲイ

ト』（*The Golden Gate*）（1986年）を紹介しておきたい。これを読んで読者が驚いたのは、全編、韻文で書かれていたことである。韻文、つまり詩ですね。14行の、いわゆるソネット形式の詩を延々と連ねて、物語をつくっているのだ。そもそも韻文による小説は、百数十年ほど前に少しだけ流行したもので、ロシアの文豪プーシキンの『エウゲニー・オネーギン』（講談社文芸文庫に翻訳あり）が有名だが、今どきそんなものを書いてどうするのだ、というのが Vikram Seth の編集者や評論家の反応だった。ところが、できあがったものを見て、みんな驚いた。ほぼ完璧な作品だったからである。

　題名のゴールデン・ゲイトというのは、もちろん、サンフランシスコのあのゴールデン・ゲイト（金門湾）のこと。これは80年代アメリカのヤッピーたちの恋愛と挫折を描いたほろ苦いラブ・ストーリーであり、これ一作で Vikram Seth は言葉の天才的な使い手としての評価を受けた。最初のほうの一節を引用すれば、次のようになる。

John notes the late September showers
Have tinged the blond hills round the bay
With a new green. He notes the flowers
In their pre-winter bloom. The way
That, when he was a child, the mystery
Of San Francisco's restless history
Kindled in him an answering spark,
It strikes him now as, through the park,
Wrested from old dunes by the westward
Thrust of the green belt to the slow
Pacific swell, his footsteps go.

ヴィクラム・セイトの作品には、小説のほかに詩集（たく
さんある）と旅行記（2冊ほど）がある。その旅行記 *From
Heaven Lake* はチベット・インド間のヒッチハイク体験に
もとづく。信頼すべき批評家の言葉によると、*A Suitable
Boy* は、英語で書かれた長篇小説（連作を除く）で一番長い
ものであるという。本人は、身長1メートル56センチの小
柄な人で、「一番長い小説を書いた一番小さな人」といわれ
ている。*The Golden Gate* のペーパーバックは各種あるが、
アメリカのVintage版は1991年に出版された。

But it is late. The birds fly nestward
Toward the sunset, and the arc
Of darkness drifts across the park.

ソネット形式で韻を踏んでおり（showers-flowers、bay-way）、
音読すると大変気持ちがいい。そのまま日本語に移すのは不可能
だが、話の種に、なんちゃって韻文で訳してみれば、だいたい次
のようになるだろう。

九月も終わりに近づき、そぼ降る雨は
ぐるりと湾を囲む薄い鳶色の森のふちを
新しい緑に染めていた。冬を控え
花が開こうとしている。その不思議は
子供のころ、サンフランシスコの
絶え間なく変わり続ける歴史を知って
心の中に火花が一つ散ったように、
今、ジョンを感動させている。ゆったりうねる

太平洋に向かって、西に突き出た緑の帯が
もともとは砂浜だった場所からもぎ取った公園
その公園を通り抜け、彼は歩く。
だが、もう時刻は遅い。鳥たちはねぐらを目指し
沈む夕日に向かって飛んで行く。そして
暗闇の円弧が、じわじわと公園を横切る。

2作目のインドを舞台とした大河小説も 大方の予想を裏切り大ベストセラーに

　Vikram Seth は、1952年カルカッタ生まれのインド人で、父親は靴の製造で巨万の富を築いた富豪、母親はインド初の女性裁判長という名門の出身である。イギリスで高等教育を受け、オックスフォードを出た Vikram Seth は、アメリカのスタンフォード大学に留学する。本当は経済学の専攻だったのだが、どういうわけか中国語に興味をもち、わずか1年でマスターして、漢詩を自由自在につくれるようになった。やはり言葉の天才である。そして、スタンフォード時代に始めた詩作が、この *The Golden Gate* につながって、小説家としてデビューした、という段取りになる。

　しかし、Vikram Seth はアメリカには留まらず、1987年、インドに帰って、次の作品を書き始める。この第二作は、デビュー作とはうってかわって、1950年代のインドを舞台にした伝統的な大河小説である。しかも、ハードカバーで千ページを超える超大作であった。伝統的な大河小説？　千ページを超える？　インドが舞台？　インドの話ならサルマン・ラシュディの傑作『真夜中の子供たち』もあることだし、今どきそんなものを書いてどうするのだ、というのが編集者や評論家の反応だったが、その長大な作品 *A Suitable Boy*（結局、ハードカバーで1349ページに達した）

が1993年に出版されると、イギリス・インド両国でたちまちベストセラーになり、文学賞の候補にもなった。これは、a suitable boy（結婚相手にふさわしい男性）を探すインドの母娘を描いた小説で、筋立ては単純ながら、作者自身が生まれた頃のインドを再現しようとする執拗な描写が、19世紀の小説（『戦争と平和』やジョージ・エリオットの『ミドルマーチ』）のようなスケール感を生んで、文学的にも高く評価された（長すぎて、実はまだ読んでない）。

　最初に書いた、4月に発表された新作には、またみんなが驚いた。今度の作品には、インド人もアメリカ人も出てこないのである。ヨーロッパのクラシック音楽家を主人公にした芸術家小説で、批評家は、やはりこの作者は天才だといっている。ついでにいうと、同じ月にはサルマン・ラシュディの新作も発表されたが、そちらのほうはすっかりかすんでしまった。

　実は、1999年のその作品以来、Vikram Seth は長篇を発表していない。*A Suitable Boy* の続編を書いているという噂だが、結局、40年ほどの作家生活で、まだ3冊しか長篇を出していないのである。4冊目が出るとしたら、また4月か9月に出版されるだろう。

　最後に、この作者の名前の読み方だが、Vikram Seth という綴りを見て、私はこれまで「ヴィクラム・セス」と読んできたが、Seth というインドの名字は「セイト」と発音するらしい。この名前、いちおう、ヴィクラム・セイトと読んでおく。

書籍情報

The Golden Gate, Vikram Seth, Vintage 刊

宇宙人も訪れる
名物酒場を舞台にした
人情系SFシリーズ

The Callahan Chronicals

by Spider Robinson

『キャラハン慢性記』

スパイダー・ロビンスン

　あまりにも情けないので、かえって記憶に焼きついてしまった映画というのが、誰にでもあるはずだ。私の場合は、四十数年前に見た和製SF『惑星大戦争』がそれに当たる。このあいだ、あるケーブル局で放映していたので、つい見てしまったが、あの情けなさは、やはりただものではなかった。普通の駄作なら、四半世紀以上たつと、キッチュとかキャンプとか呼ばれるたぐいの、不思議な魅力が出てくるものだが（題名が似ている1959年の東宝映画『宇宙大戦争』がちょうどそんな感じ）、この映画にはなかなかしぶといところがある。あたかも、いくら銃弾を撃ち込んでも死なないゾンビのようだ（頭を撃て、頭を！）。

　ご承知のかたも多いはずだが、『惑星大戦争』は1977年の作品で、同じ年に海の向こうで大ヒットしていた『スター・ウォーズ』の人気に便乗した映画である。なるほど「惑星＝スター」「大戦争＝ウォーズ」ですね。なめとんのか。というわけで、ぜんぜんヒットしなかったが、今、見てみると、宇宙人に捕まったあとの浅

野ゆう子のボンデージ・ファッションが意外にも90年代を先取りしているのがわかって、微笑ましい感じがする。ほかの出演者は、隊長役に池部良、隊員役に沖雅也、森田健作などである。

その1977年、私は、『スター・ウォーズ』を見るためアメリカに行って、ついでにSFのペーパーバックを50冊くらい買ってきた。そのとき買った本の中に、スパイダー・ロビンスン（Spider Robinson）という妙な名前の新進作家が書いた『キャラハンのクロスタイム酒場』（*Callahan's Crosstime Saloon*）という出たばかりの短篇集があった。

これは、ニューヨーク市の郊外にあるというアイリッシュ・バー〈キャラハンの酒場〉を舞台にした連作で、それぞれの作品のパターンはだいたい決まっている。まず、〈キャラハンの酒場〉に見馴れない客がやってくる（SFだから、その客が宇宙人だったりするのは日常茶飯事だ）。客は、たいがい悩みを抱えていて、自暴自棄になっている。そして、鷹揚な店主のキャラハンや、語り手の「私」を含む常連客が、酒と同情で、その悩みを解決する。つまり、各短篇がそれぞれ出来のいい人情話になっていて、心温まるSF、しんみりするSFということで評判になった。

その後、作者のロビンスンは、80年代のアメリカSFを代表する作家に成長して、この〈キャラハンの酒場〉シリーズもずっと書き継がれてきた。そして、最初の短篇集が出てからちょうど20年後の1997年、シリーズの全作品をまとめた1巻本全集（短篇集3冊分＋αの量がある）が出版された。それが *The Callahan Chronicals* という分厚い本である。

ところで、*The Callahan Chronicals* という題名は、普通なら *The Callahan Chronicles*（年代記）となるところだが、言葉遊びで、Chronicals（慢性的病気＝病みつきになる話）と洒落ている。仮に訳せば『キャラハン慢性記』だろうか。こうした言葉遊びはこ

のシリーズの特徴でもあって、どの作品にも、酔客が連発する駄
洒落がたくさん出てくる。日本語版が出なかったのは、たぶんそ
のあたりの翻訳が難しいせいだろう。

南米での十年の監獄生活から解放された
男の目に映った1973年のアメリカは?

たとえば、二番目にある「タイムトラベラー」(*The Time-Traveler*) という話も、キャラハンの酒場で駄洒落大会が行われ
ているところから始まる。そこに見知らぬ男がピストルを手にし
て現れる。しかし、それがどうにも気の弱い強盗で、キャラハン
店主らに諭され、自分がなぜこんなふうになったのか、身の上話
を始める。

それによると、この男は牧師であって、1963年、たまたま休
暇で中南米の某国を訪ねたところ、クーデター騒ぎに巻き込まれ、
アメリカ人嫌いの独裁者に捕まって、十年間、監獄に幽閉された
のだという。そのかん、テレビも新聞もいっさい禁じられ、つい
に解放されたときには、まったくの浦島太郎になっていた。つま
り、十年前の過去から現代のアメリカに時間を超えてやってきた
のと同じ状態だったわけである。だから、「タイムトラベラー」
というのだが、この十年は、アメリカの現代史でも変化の激しか
った時期で、謹厳実直な牧師はその変化についていけなかった。
たとえば、救出されてホワイトハウスに招待され、大統領に会っ
たときの驚きを、タイムトラベラーはこう語る。

**I hadn't thought to ask who the President was, you see. It
didn't seem especially important, after all I'd been through,
and I didn't expect I'd recognize the name. But when Richard**

スパイダー・ロビンソンはペンネームで、本名は Paul Robinson（1948年生まれ）。奥さんと共作した長篇 *Stardance*（『スターダンス』早川書房）などが訳されているが、代表作はこのキャラハン・シリーズで、アメリカではキャラハンの酒場が登場するコンピュータ・ゲームまで発売されていた。キャラハンの酒場の所在地を尋ねる問い合わせもあとを絶たないという。*The Callahan Chronicals* は1997年に Tor Book からペーパーバックで出版された。

Nixon held out his hand, I thought I'd die.

– You see, three months before I left, Nixon lost the race for governor of California, and assured the press with tears in his eyes that they wouldn't have Dick Nixon to kick around any more ...

　今、誰が大統領なのか、別に尋ねようとは思いませんでした。あんなつらい体験をくぐり抜けてきたあとですから、たいして重要なこととは思えませんでしたし、名前を聞いてもわからないだろうと思ったんです。ところが、握手の手をさしのべてきたのがリチャード・ニクソンだとわかったとき、私は死ぬかと思いましたよ。

　──だって、ニクソンは、私が南米に旅立つ3か月前にカリフォルニアの知事選に出て、落選したんですよ。おまけに、涙を浮かべて記者会見までして、もう政治活動はやめる、なんていったんですから……。

　十年ぶりに祖国に帰って、ヴェトナム戦争の惨禍、ドラッグの蔓延した社会などを目にして、この男が受けた心の傷を、心優しきキャラハンの酒場の客たちが癒していく、というのが本短篇のテーマで、最後は（ほかの短篇と同じように）やや強引な人間賛歌で終わる。SFと銘打っているのに、SF的要素が薄いのも当時は斬新だった。

　とにかく、時の流れは思いがけない変化を人や社会にもたらす。初めて『スター・ウォーズ』を見たときには、まさか20年後に〈エピソード・ワン〉が公開されるとは思わなかったし、『惑星大戦争』が公開されたときも、その後、沖雅也が涅槃に行くことや森田健作が千葉県知事になることは誰にもわからなかっただろう……。

書籍情報

The Callahan Chronicals, Spider Robinson, Tor Books 刊

ポルターガイストを
真正面から取り上げた
大人向け小説

The Bell Witch

by Brent Monahan

『ベル家の魔女』

ブレント・モナハン

イギリスの作家ペネロピ・ライブリィの児童小説に、『トーマス・ケンプの幽霊』というのがある。17世紀の魔術師がポルターガイストになって現代に甦るお話だが、日本では1976年に評論社から翻訳が出ている。この本の訳者あとがきに、次のような文章があった。

「初めてこの本を見た時、私はいくらかこわさを期待しました。ところがこの幽霊、あまりこわくはないのです。ポルターガイストという私たちにはなじみのうすいこの幽霊は、物をこわしたり、やかましい音を立てたり、かなり破壊的ではあるのですが、姿はまったく見せません。日本にもこの同類がいるのかどうか、寡聞にして知りませんが、西洋では、思春期前後の男の子にとりつくことが多いと、何かで読んだことがあります」

——ポルターガイストはときどき小説の題材になる。1982年に公開されたトビー・フーパー監督の映画『ポルターガイスト』があまりにも有名なので、なんだか怖いものだと思われがちだが、

ポルターガイスト自体、怨念や血まみれの惨劇とはあまり関係がないので、長篇の冒頭にちょっと使われるくらいで、本格的に掘り下げられることはそれほど多くない。

そのせいか、児童物以外でこのテーマを扱ったものはあまり見かけないが、ポルターガイストを正面から取り上げた大人の長篇小説もある。それが今回紹介する『ベル家の魔女』（*The Bell Witch*）である。いわゆるホラーとはひと味違うので、怖い小説が苦手な人にも楽しめるのではないだろうか。

まず、時代設定が面白い。1818年、西部開拓時代のアメリカにポルターガイストが出た、という話なのである（実話をもとにしている）。

開拓地で農場を経営するベル家という家族がいる（TVでお馴染みの『大草原の小さな家』を思い浮かべてください）。そのベル家に、ある日、異変が起こり始める。まず、子供たちの寝室で、真夜中過ぎに、ベッドの足を齧るようながりがりという音が響くようになる。次に、寝ていると、シーツがいきなりめくられたりする。不気味なうめき声も聞こえてくる。だが、どこにも人の姿は見えない。ポルターガイストの出現である。

やがて、そのポルターガイストは〈ベル家の魔女〉と呼ばれて近隣の人々に広く知られるようになる。現象は、以後、2年間続き、1820年、ある悲劇をもたらしたのちに終結する。そのあらましを目撃した関係者の一人が、序文つきで、二十数年後の1841年に事件を振り返って書いた手記、というのがこの小説なのである。

〈魔女〉と呼ばれるポルターガイストには、もちろん実体がなく、姿を現すことはない。ところが、ある時点から、声をもって、普通の人間と同じようにしゃべり始める。この〈魔女〉は近所のゴシップに詳しい。しかも、なぜか賛美歌が得意で、なかなかの

1948年生まれのブレント・モナハンは、これまでに7冊ほど
の長篇小説を書いている。いずれもホラー系の小説だが、紹
介されるときには、かならずclever（才気煥発）とかbrainy
（頭がいい）とかcerebral（知的）といった形容詞が添えられ
て、スプラッター系の扇情ホラーではないことが強調されて
いる。*The Bell Witch*はその6作目で、ハードカバーは1997
年に出た。ペーパーバックは、St. Martin's Griffinから2000
年に出ている。その後、2005年に映画化され、『アメリカン・
ホーンティング』という邦題で日本でも公開されたが、原作
の二重構造を映像化するのは難しかったのか、ただのポルタ
ーガイスト映画になっていた。

美声の持主でもある。おまけに、話し上手で、非常に理性的な応
対をすることもできる。そんな次第で、このポルターガイストは、
はからずも近所の人気者になってしまう。

> ### 西部開拓地の一家に居ついた
> ### ポルターガイストの目的は?

　ベル家には毎晩見物人が訪れ、〈魔女〉と議論をしたり、その
歌に耳を傾けたりする。集まった人々が、ポルターガイストの不
思議に驚嘆して、自分の知っているお化け話を披露し始めると、
「お化けの話だったらあたしも知ってるよ」と、〈魔女〉が口をは
さみ、自分もお化けのくせに、その百物語に参加して、次のよう
な話を披露する。

**There once was a girl who was poor but very vain about her
looks. Every time she stopped by the pond to haul up water,
she gazed at her image for many minutes. This did not please**

her enough, though, as it was not perfect in its reflection of her beauty.

　昔あるところに女の子がいました。貧しい娘でしたが、自分は美人だとうぬぼれておりました。池に水を汲みにゆくと、水面に映る自分の顔をいつまでも見つめているのでした。しかし、それでは満足できませんでした。自分の美しい顔をきちんと映していないのがわかっていたからです。

　娘は両親にねだって12歳の誕生日に鏡を買ってもらう。そして寝室に飾った鏡をうっとりと眺めているうちに、怪異が起こる。自分の顔のほかに、もう一つ別の顔が、その鏡に映っていたのである。うしろに誰か立っているのか、と思って振り返っても、そこには誰もいない。

She turned back to the mirror. The face was still there, and now even closer. She saw with shock that it was also her face. But it was very pale. It had no animation. The image's eyelids did not blink. Her chest did not rise and fall. She was looking at her 'fetch'.

When her parent came into her room to see how she liked their gift, they found her stone dead on the floor.

　娘はまた鏡を見ました。顔はまだそこにありました。しかも、大きくなっています。驚いたことに、それは自分の顔でした。でも、顔色は蒼ざめています。とても生きているようには見えません。鏡の中の顔がまばたくことはなく、胸が息で上下することもありませんでした。娘は自分の生霊（いきすだま）を見ていたので

した。

　贈り物を気に入っただろうか、と両親が部屋に入ってきたとき、娘はすっかり冷たくなり、息絶えて床に倒れていたのでした。

　ときには、インチキ悪魔払い師がやってきて、〈魔女〉を退治しようとするが、逆襲されて逃げていったりする。もちろん、〈魔女〉には怖いところもあって、「おまえは何のためにここに出てくるのか?」と訊かれると、「ベル家の父親を殺すためだ」と答える。ベル家の父親はおびえるが、〈魔女〉は彼を直接攻撃することはしない。そのかわり、娘のエリザベスの髪の毛を引っ張ったり、顔を殴ったりする。

　最後には、前にも書いたように悲劇が起こり、のどかな時代の牧歌的な人々とポルターガイストとの交流をほのぼのした気分で楽しんでいた読者は、あっと驚くことになる。詳しくは書けないが、終わりまで読むと、この物語は巧妙な推理小説としても読める作品であったことがわかる。いや、実は日本でいう新本格ミステリそのもので、序文からすでに伏線が張り巡らされていたのだ。上に紹介した〈魔女〉のお化け話にも、ちゃんと裏の意味があった。よくできた小説である。

書籍情報

The Bell Witch, Brent Monahan, Griffin刊

日常が裏返るような怖さ。
シャーリー・ジャクスンは
面白いと断言しよう

Just an Ordinary Day

by Shirley Jackson

『ただのありふれた日』

シャーリー・ジャクスン

今の豚肉は豚の味がしないとか、昔のキャベツはバターで炒めて塩をふるだけでうまかった、などといい出すのは年寄りの愚痴だそうだが、昔読んでいた小説と比べて今の小説はつまらなくなったと文句をいうのも歳を取った証拠かもしれない。しかし、昔食べた豚肉やキャベツはすでに消化されてどこにも存在しないが、昔読んだ本はそのまま（多少、ページが黄ばんで）今でもどこかに存在する。ここで、私がＸＸという昔の作家は面白かった、といい出しても、実際の本を手にすることによって、ただの年寄りの繰り言なのか、それとも本当に面白いのか、みなさんに検証してもらうこともできるだろう。

　というわけで、私は、今、年寄りの繰り言といわれることを恐れずに、シャーリー・ジャクスンは面白い、と断言する。シャーリー・ジャクスンとは何者か？　とおっしゃる人もいるだろうから、紹介もかねて、研究社の〈リーダーズ・プラス〉から引用してみよう。

「シャーリー・ジャクスン（1919-65）。米国の作家。幽霊屋敷物の傑作 *The Haunting of Hill House*（1959）、一見のどかな山村を舞台にグロテスクな風習を描く短篇 *The Lottery*（1948）などゴシック小説風の恐怖と心理的洞察とがみごとに融合した作品で知られる。ほかにユーモアの要素が顕著な自伝的作品 *Raising Demons*（1957）などもある」

「幽霊」「グロテスク」「ゴシック」などという言葉を目にすると、ホラー作家だと誤解されるかもしれないが、ジャクスンさんの本質は登場人物の微妙な心の襞を繊細に描く心理分析家である。その登場人物の心が壊れていると、ホラーの要素が強くなる。しかし、あくまでも心理的グロテスクであり、怖さというのも、日常の生活がくるりと裏返るような、透明な怖さである。

引用中にある代表作はすべて翻訳されている。*The Haunting of Hill House* は『山荘奇談』（ハヤカワ文庫）〔『たたり』という題の別の訳（創元推理文庫）もあって、その訳はのちに『丘の屋敷』と改題された〕、*The Lottery* は『くじ』（早川書房）、*Raising Demons* は『野蛮人との生活』（ハヤカワ文庫）である。

最後の「野蛮人」というのは、元気いっぱいの子供たちのこと。この本は、育児に奮闘する若い母親の生活を描いたユーモア小説で、これはジャクスンさんの家庭をほぼそのまま描いたものである。

生没年に注目していただければわかるように、ジャクスンさんは46歳で早世した。それから三十数年、「野蛮人」だった遺児たちも大きくなり、ある日、屋根裏部屋で、母親の遺品の箱を見つける。その箱を開けてみると、中に入っていたのは、ジャクスンさんの未発表の原稿だった。

その未発表の原稿と、雑誌に発表されたまま単行本化されずに埋もれていた作品を集めたのが、今回紹介する『ただのありふれ

た日』（*Just an Ordinary Day*）という作品集である。この本には、20代の頃の作品から、晩年の作品まで、エッセイ、小説を取り混ぜて、五十数編が収められている。かならずしも完成度の高い作品ばかりではないが、思いがけない「新作」に世界中のジャクスン・ファンは狂喜した。

> ## 死後発見された未発表原稿が作品集に。
> ## 一見普通の人の壊れ方が怖い

　ジャクスンさんは、ストーカー的心理や、異常と正常の境界線上にある人々を好んで描いており、むしろ今の時代のほうが理解されやすいのではないかと思う。この本にもその種の話がたくさん収録されている。たとえば、「鼠」という短い小説は、子供のいないサラリーマンと、その妻を描いたものである。

　29歳のマルキンさんは順調に出世している会社員で、今度、新しいアパートに引っ越しをした。奥さんにはちょっと変なところがあり、自分の部屋の壁には明るい色を塗り、旦那さんの書斎の壁は灰色に塗って、「あなた性格が暗いから灰色が似合ってるわ」などという人だが、別に夫婦仲は悪くない。だが、その新居には問題があった。鼠が出るのである。退治しなければ男の沽券に関わる、とマルキンさんが思い始めたとき、会社から家に帰ってみると、奥さんが一人で鼠をやっつけていた。

"I got the mouse," Mrs. Malkin said.

"In the trap?"

"No," Mrs. Malkin said gently, "just the mouse. I was too quick for her."

"For her?" Mr. Malkin was saying as he followed his wife into

シャーリー・ジャクスンの作品には、魔女をテーマにした
ものも多く、その中の一つ、『ずっとお城で暮らしてる』(創
元推理文庫) という長篇も訳されている。何十年か前に芥
川賞を受賞した某氏の作品は、ジャクスンさんの「くじ」に
似ていて (偶然だったらしいが)、ジャクスン・ファンのあい
だで話題になった。本書 *Just an Ordinary Day* は1997年
にハードカバーが出て、1998年にペーパーバック化され
た。この本からの抜粋が、『なんでもない一日』という題で
創元推理文庫から出ている。

his study. The mouse lay in the center of the floor, on a piece
of white typing paper. The mouse was, too, just the color of the
walls. "For her?" Mr. Malkin said with more strength.

"I hit her with the frying pan," Mrs. Malkin said. She looked
at her husband. "I was very brave," she said.

「鼠、捕まえたわ」と、マルキン夫人はいった。

「鼠取りで？」

「違うわ」マルキン夫人は穏やかにいった。「じかにやったのよ。
あの雌鼠より、あたしのほうがすばしっこかったの」

「雌鼠？」そういいながら、マルキン氏は、妻に続いて書斎に入っ
た。鼠は、白いタイプ用紙に載って、床の中央に転がっていた。
しかも、鼠は壁と同じ色だった。「雌鼠だって？」さらに力を込め
て、マルキン氏はいった。

「フライパンで叩きつぶしたの」そういうと、マルキン夫人は夫を
見た。「あたし、とっても勇敢だったのよ」

　これだけだと、何の話か、と思うだろうが、前半では、子供を
巡ってこの夫婦にすれ違いがあることが示されている。マルキン
さんは子供が欲しいのに、奥さんのほうはそれを断固拒否してい
るらしいのである。読者には、奥さんが一種のノイローゼである
ことが伝わってくるが、マルキンさんにはそれがわかっていない
らしい。

　鼠を叩きつぶした奥さんは、ほら、この鼠、こんなに太ってて
不格好なの、などといいながら、マルキンさんに死骸を見せる。
それを見て、マルキンさんはぞっとする。その鼠は、ただ太って
いるのではなく、妊娠していたのだ。

　「夫人の顔を見て、マルキン氏は、自分の妻がこれまで見たこ
ともないような怖い女だと悟った」

　というのが、結末の一文である。

書籍情報

Just an Ordinary Day, Shirley Jackson, Random House 刊
『なんでもない一日』シャーリイ・ジャクスン著、市田泉訳／創元推理文庫刊

貧窮の中で
人間性も崩壊していく
農民たちを描く

The Stories of Erskine Caldwell

by Erskine Caldwell

『コールドウェル短篇集』

アースキン・コールドウェル

誰にでも一つくらいは間違えて覚えている言葉があるのではないだろうか。私も「貧乏性」という言葉の意味を長いあいだ勘違いしていた。字面だけを見て、「貧乏が性に合っていること」と解釈していたのだが、本当はちょっと違うらしい。ちなみに、広辞苑で「貧乏性」を引いてみると、

「ゆとりのある気分になれない性質。ものごとにくよくよする性分」

と出ている。大辞林にも「ゆとりある態度をとれない性質。気が小さくて、くよくよする性質」とあって、rich か poor かという「貧乏」とはあまり関係がないらしいのである。したがって、閉店間際のスーパーで投げ売りをしている総菜を常食しながら、「ぼくは貧乏性で……」などというのは用法がちょっと間違っている。それはただの「貧乏」である。言葉は難しい。

どうも私は貧乏が性に合っているらしく、貧しい時代の貧しい生活を描いた小説が好きである。アメリカの小説でいえば、

1920年代から30年代にかけての不況時代を描いた作品に心を惹かれる。

そういう小説の代表的なものには、スタインベックの『怒りの葡萄』があり、南部の poor white（貧乏白人）が登場するフォークナーの諸作品がある。ひと頃は、これこそアメリカ文学の本道という捉え方をされていた。その証拠に、スタインベックもフォークナーもノーベル賞を取っている。

実は、もう一人、スタインベックやフォークナーと並ぶ高い評価を受けていた作家がいる。アースキン・コールドウェル（Erskine Caldwell）という作家である。不幸なことに、コールドウェルの人気は40年代以降、下降線をたどり、昔、何冊かベストセラーを書いた作家、という程度の評価しかされてこなかった。

コールドウェルの一番有名な作品は、日本でもよく読まれていた『タバコ・ロード』という長篇だが、貧乏のあまり常識も道徳も失った農民たちの無茶苦茶な行動を描いたその小説には、かなり突っ込んだ性描写もあったために、検閲・発禁騒ぎが起こり、結局、コールドウェルはエロ作家めいた扱いをされることにもなった。

しかし、作家の評価は時代と共に変わる。コールドウェルもしばらく前から再評価されるようになり、新しい研究書が次々に現れている。その一環として、1950年代に出た短篇集成も再刊されている。題名は *The Stories of Erskine Caldwell* といい、1929年から1941年までに発表された短篇がすべて収録されている。

お目当ての（？）貧乏話も満載で、たとえば「娘」（*Daughter*）という作品は、地主にいじめられてきた貧しい小作人が生活苦で娘を殺す話である。

「ドロシー」（*Dorothy*）という作品は、失業してその日の食費もない若い娘に職安への道を聞かれた男（この男も失業者）が、

わざとホテルへの道を教え、娘もそこがホテルであることを知りながらそちらに向かう話。もちろん、若い娘なら、ホテルで体を売ってその日の宿代と食費を稼ぐことができる。

ストーカー小説も！
人が壊れていく過程への強い関心

　以上の二編は新潮文庫に入っている『コールドウェル短篇集』で邦訳を読むことができるが、たぶん未訳の *Crown-Fire* という短篇には、ちょっとびっくりした。Crown-Fireとは、山火事で木のてっぺんから火が出ていることをいうらしいが、この短篇は、遠くの山が火事で赤くなっているのを見ながら、一人の少年が草むらに隠れ、アイリーンという少女が道をやってくるのをじっと待っている、というだけの話。発表当時はおそらく理解されなかったと思うが、今読むと、これは立派なストーカー小説なのである。たとえば、こんな描写がある。

I did not know what Irene was going to do when I jumped up and surprised her. I did not want her to run away from me again; each time I had tried to walk home with her in the evening she had run so fast that I could not keep up with her. But I had to see her and to talk with her. I had wished all that summer to be able to walk along the road with her. Once she had said she did not hate me; but no matter what I said to her, she continued to run away from me, leaving me alone in the road.

ここから飛び出していって、アイリーンをびっくりさせたら、彼女がどうするか、ぼくにはわからない。今度もまた逃げられるのはいやだった。夕方になってぼくが一緒に帰ろうとすると、いつも彼女は急いで走り出すので、ぼくは追いつくことができない。でもぼくは彼女と会って話をしなければならなかった。その年の夏はずっと彼女と一緒に道を歩けたらいいなと思っていた。いつか彼女はぼくのことが嫌いじゃないといった。でも、ぼくがどういっても、彼女はいつも逃げていった。ぼくを一人で道に残したまま。

　下手な日本語だとわかりにくいかもしれないが、英語を読んでいると、だんだん気味が悪くなってくる。
　貧乏話でもそうだが、この作家は、何かのきっかけで人が壊れていく過程に興味をもっていたのかもしれない。
　ところで、数十年ほど前、日本でも景気のいい時期があって、今では考えられないような仕事がいくつか舞い込んできた。あるとき、広告代理店の人から電話があって、英語の人名について話を聞きたい、といわれたことがある。大手自動車メーカーの新車

に名前をつけることになって、たとえばフォードもダイムラーも本来は人の名前なので、何か外国の人名をその車につけたいが、古典的な印象の名前は何か、斬新な名前は何か、といったニュアンスがわからないので、一時間ばかり相談に乗ってくれないか、というのである。そこで、喫茶店で小一時間、ヘンリーとかチャールズとかイギリスの王様の名前はみんな古典的な響きがありますね、などといった話をした。そして、最後に、少しですがお礼です、といって封筒を渡された。家に帰って、その封筒を開けると、一万円札が十枚入っていた。

　私がこれまでにした一番効率的な仕事がそれだったのだが（時給十万円）、そのとき、私は、ゆとりのある気分になれず、いつまでもくよくよしていた。

書籍情報

The Stories of Erskine Caldwell, Erskine Caldwell, University of Georgia Press 刊

50年代にスタージョンが
書いた「円盤もの」は
時代を超越した名作

A Saucer of Loneliness

by Theodore Sturgeon

『孤独の円盤』

シオドア・スタージョン

オックスフォード英語辞典によると、お皿の形をした未確認の飛行物体に「空飛ぶ円盤」という呼び名がついたのは、1947年のことであったらしい。英語でいえば、flying saucer で、文字どおりには「空を飛ぶ（コーヒーなどの）受け皿」という意味である。

　これは冗談めかした呼び名なので、正式な報告書でも使える名称を考えよう、ということになって、1952年、「未確認飛行物体（Unidentified Flying Object）」、略して UFO という言葉が考案された。

　この不思議な現象に飛びついたのが当時の SF 作家で、いわゆる「円盤もの」の小説がたくさん書かれた。空飛ぶ円盤は食物を求めて飛来した宇宙人で、実は腐ったタマネギが大好物だった、という短篇を訳したことがあるが、大半はそのような他愛のない作品ばかりで、今ではほとんどが読むにたえない。

　その時期の「円盤もの」のうち、翻訳でも生き残っている名作

には、巨匠ロバート・A・ハインラインの『人形つかい』（1951年）がある。これは、空飛ぶ円盤に乗ってやってきたナメクジ型の宇宙人が地球を侵略する、という話だが、50年代の前半は、アメリカが共産主義の侵略に怯え、マッカーシー議員がヒステリックなコミュニスト告発（いわゆる赤狩り）をやっていた時期でもあるので、その時代が色濃く反映された作品になっている。つまり、ナメクジ宇宙人＝共産主義者、と読めるのだ。

　もう一つ、その当時に書かれた円盤もので、時代を超越する名作として名高いのが、シオドア・スタージョン（Theodore Sturgeon）の「孤独の円盤」（*A Saucer of Loneliness*）という短篇である。

　スタージョンさんは1985年に亡くなったが、再評価の機運が高く、生涯に書いたすべての短篇を年代順に集大成する短篇全集も刊行された。その第七巻は1950年代の作品を集めた一冊で、タイトルにはその *A Saucer of Loneliness* が選ばれている。正式な題名は、*A Saucer of Loneliness Volume VII: The Complete Stories of Theodore Sturgeon*（『孤独の円盤・シオドア・スタージョン短篇全集7』）という。

　この作家は、常人には思いつけない発想をする人で、ときにはそれがわかりにくさにもつながっているが、この「孤独の円盤」はバランスが取れていて、代表作と呼ぶにふさわしい出来映えである。

　有名な短篇で、インターネットで検索すればさまざまな感想を読むことができるが、知らない人もいらっしゃるようなので、ちょっと紹介してみよう。

　この小説に出てくる空飛ぶ円盤は、直径20センチくらいの小さな円盤である。ある日の真っ昼間、主人公の若い女性が、ニューヨークのセントラル・パークを歩いていると、空からその小さ

な円盤が降りてきて、額に触れる。その瞬間、彼女は円盤が自分
に話しかけるのをテレパシーで感じ、卒倒する。昼間の公園だか
ら、目撃者はたくさんいる。彼女は病院に運ばれ、そのあと FBI
の尋問を受ける。集団ヒステリーめいた時代だったので、円盤と
コンタクトした彼女は、宇宙人の手先だとか、共産主義者のスパ
イだとか、あらぬ嫌疑をかけられたのだ。そして、円盤が自分に
何を話したか、いくら問い詰められても、けっして明かそうとし
なかった。

> ### 時代を反映？　小型円盤との接触で
> ### 社会から孤立させられていく女性

　やがて彼女は釈放されるが、「円盤と話した女」として全国的
に有名になり、もともと孤独だった彼女は、親からも縁を切られ
て、次第に追い詰められてゆく。たとえば、次のようなエピソー
ドも語られる。

**At the restaurant she met a man who asked her for a date.
The first time. She spent every cent she had on a red handbag
to go with her red shoes. They weren't the same shade, but
anyway they were both red. They went to the movies and
afterward he didn't try to kiss her or anything, he just tried
to find out what the flying saucer told her. She didn't say
anything. She went home and cried all night.**

　レストランで会った男に、彼女はデートを申し込まれた。初め
てのことだった。彼女はもっているお金をみんな使い、自分の赤
い靴に映える赤いハンドバッグを買った。色合いは違っていたが、

シオドア・スタージョンは1918年に生まれて1985年に亡くなった作家。アカデミックな背景のある人ではなく、船乗りなどさまざまな職業を経て、作家になった。少年時代、家庭に恵まれなかったらしく、愛と孤独が生涯のテーマになった。ミステリ作家エラリー・クィーンの晩年の名作とされる『盤面の敵』が実は代作で、本当の作者がスタージョンだったことは有名な話である。本書、*A Saucer of Loneliness*は、North Atlantic Books から2000年に出た。スタージョンさんの作品の中では、『人間以上』という連作長篇が私は好きだ。改訳の話があったら、すぐ飛びつく。

どちらも赤であることに変わりはなかった。二人は映画に行った。そのあと、男はキスも何もしようとせず、円盤が彼女に何をいったかだけを聞き出そうとした。彼女は何もいわなかった。そして家に帰り、一晩じゅう泣いた。

（ちなみに、スタージョンさんの作品では登場人物がよく泣くが、そのときには本当に悲しそうに泣く。読者ももらい泣きをするくらいである）

　無人島に流れ着いた人が、空き瓶に手紙を入れて、海に流す、という話がある。この小説に出てくる円盤は、実はその空き瓶のようなもので、広い銀河のどこかにいる淋しい宇宙人が、「この世界にはあなたよりも孤独な者がいるのだ」というメッセージを込めて宇宙空間に放ったものだったのである。常人には思いつけない発想、というのはこのことで、*A Saucer of Loneliness* というタイトルの意味も違って見えてくる。孤独な空飛ぶ円盤、だけでなく、孤独を受け止める受け皿、でもあるのですね。

　追い詰められた彼女は、円盤が伝えてくれたメッセージを紙に

書き、空き瓶に入れて海に流す。何百本も流したとき、彼女と同じように孤独な男がその瓶を拾い、孤独を媒介にした魂のネットワークが生まれる……。

　と、まあ、そんな話なのだが、これを読んでいるうちに、1970年代の初め頃に高知県で起こった有名な円盤遭遇事件を思い出した。UFOファンの人にはお馴染みだろうが、たんぼのまん中に、直径二、三十センチの小さな円盤が降りてきて、目撃者の少年がそれを捕獲した、という事件である。残念ながら、円盤はその後、逃げていったらしいが、ひょっとしてあれは孤独の円盤のできそこないだったのか、などと想像すると、自然に笑いがこみ上げてくる。

　このスタージョンという作家は、アメリカでの短篇全集の発行を機に、日本でも旧作が何作か復刊されたし、新訳の短篇集も編まれた。「孤独の円盤」の新訳は、『不思議のひと触れ』(河出書房新社) に入っている。

書籍情報

A Saucer of Loneliness, Theodore Sturgeon, North Atlantic Books 刊
『不思議のひと触れ』(収録) シオドア・スタージョン著、大森望訳／河出文庫刊

SF作家ディレイニーと
同性パートナーの関係を
描いた本

Bread & Wine: An Erotic Tale of New York

by Samuel R. Delany, Mia Wolff

『パンと酒』

サミュエル・R・ディレイニー、ミア・ウルフ（絵）

1 977年にアメリカへ行ったのが私の初めての海外旅行で、そのときは3か月ほどニューヨークでぶらぶらしていた。ホテルの近所にSFやファンタジーだけを売っている小さな本屋があったので、SF小僧だった私は、たびたびその店に足を運んだ。あとで知ったことだが、そこはニューヨークで最初にできたSFとファンタジーの専門書店だった。

店主のBさんが雑誌にコラムを連載している評論家だということは、なんとなく気がついていた。補佐役といった感じでそばに控えていたMさんは、長身の気さくな人で、三日とあけずにやってくる若い東洋人に興味を示し、どこからきたの、とか、どのホテルに泊まってるの、などとよく言葉をかけてくれた。この二人のほかに、ベスという女の子と、マイケルという男の子がいて、だいたいその4人で店の切り盛りをしているようだった。

英語はどうにか読めたものの、外国人と話をした経験はほとんどなかったので、片言ながらこの4人と会話をするのは楽しかっ

た（もっとも、店主のBさんとマイケルは、シャイな性格らしく、いつもうつむき加減だったが）。

当時、人気のあったサミュエル・R・ディレイニーの限定版エッセイ集や、シオドア・スタージョンの古いハードカバーなどをレジに運ぶと、Mさんが、

Good selection!

と褒めてくれたのも記憶に残っている。『スター・トレック』など、映像作品のノベライズ本を買ってゆく客が多い中で、妙にハイブラウな作品に興味を示す謎の東洋人が現れたので、珍しがられたのかもしれない。

時は流れて、1993年、店主Bさんの訃報が専門誌に載った。享年五十九。そのときにわかったのだが、Bさんはゲイで、Mさんとは私生活でもパートナーだったのだという。

今回、取り上げる本は、graphic novel というジャンルに分類される。簡単にいえば、画家と作家とが協力してつくった絵入りの小説のようなものである。文章を書いたのは、先ほど名前を出したサミュエル・R・ディレイニー（Samuel R. Delany）、その文章を絵にしたのは、絵本作家として知られるミア・ウルフ（Mia Wolff）。内容は、ゲイであるディレイニーさんが（子供もいるから、バイセクシュアルというべきかもしれないが）、同性愛のパートナーとの出会いを綴ったものである。題名 *Bread & Wine*（『パンと酒』）は、ドイツのロマン派詩人ヘルダーリンの作品（*Brot und Wein*）から採られたもので、作中でもヘルダーリンは何度か引用される。

最後まで読むと、この本に書かれている出来事は、1990年頃のニューヨークで起こったことだとわかる。ディレイニーさんは、ある日、マンハッタンの七十二丁目で、道ばたに古本を並べて売っているホームレスを見かける。その古本にディレイニーさんが

1942年生まれのサミュエル・R・ディレイニーは、十代でSF界にデビューし、天才作家といわれた。のちにはゲイ小説や暴力的なポルノも書き、同時にフランス現代思想の影響を受けた高踏的な文学エッセイなども発表して、多方面の活躍を続けている。今やアメリカ文学を語るときには無視できない作家だといえる。大学教授でもある。日本でも初期のSF作品がたくさん訳されている。本書は1999年にJuno Booksからペーパーバックで出版された。著者サイン入りの豪華ハードカバー版もある。

興味を示したことから、二人は口を利くようになり、やがてディレイニーさんはそのホームレス（デニスという名前）をホテルに連れていって肉体関係をもつ。

ジャン・ジュネが読んだら激賞した？
あらゆるタブーを破った愛の物語

　この二人の関係（デニスは自分のことをゲイだとは思っていない）を、ディレイニーさんは、悪びれることなく、淡々と書き進めてゆく。ディレイニー家には16歳になる娘もいるが、その家にデニスを招いて、また関係をもったりする。ついでにいうと、娘の母親で、以前、ディレイニーさんと結婚していたのは、ピュリッツァー賞を受賞している女流詩人のマリリン・ハッカーである。ややこしいことに、ハッカーさんはレズビアンとして知られている。

　当時のディレイニーさんは、作家であると同時にアマースト大学の教授でもあり、今は休みでニューヨークにいるのだが、新学

期が始まったら、マサチューセッツ州アマーストに戻らなければ
ならない。ニューヨークのホームレスであるデニスが、はたして
こぎれいな学園町アマーストに馴染むだろうか？　いや、その前
に、ニューヨークを離れてついてきてくれるだろうか？　そんな
葛藤が物語のクライマックスを形成して、結局、デニスがアマー
スト行きを承知し、ハッピーエンドになる。

　いつもなら原文を引用するところだが、グラフィック・ノヴェ
ルの台詞やト書きを抜き出しても埒があかないので、裏表紙に載
っていたエドマンド・ホワイト（日本語訳もたくさんあるゲイ文
学の巨匠）の推薦文を引用しておこう。

**Samuel R. Delany breaks all the taboos in *Bread & Wine* –
sex with the homeless; male homosexuality in the home with
a teenage daughter under the same roof; interracial love in
a period of growing racial isolation; a cheerful disregard for
physical filth in a nation that has raised hygiene to the level
of sterility. The comic strip illustrations by Mia Wolff add
just the right fairy-tale atomosphere to this improbable tale of
true love. How Jean Genet would have loved it!**

　サミュエル・R・ディレイニーは『パンと酒』でありとあらゆる
タブーを破っている。ホームレスとのセックス。同じ屋根の下に
十代の娘がいる家で関係をもつ男性同性愛者。人種間の孤立が進
んでゆく中での人種を越えた愛。しかも、不毛なまでに清潔さを
あがめたてまつるこの国で、肉体的な汚さには無頓着で、衛生観
念などどこ吹く風である。ミア・ウルフのコミック調のイラスト
は、この現実離れした真実の愛の物語にぴったりのお伽噺的な雰
囲気を醸し出している。ジャン・ジュネが読んだら、さぞかし喜

んだだろう。

　いいわすれたが、ディレイニーさんは黒人で、デニスはアイルランド系の白人である。「衛生観念などどこ吹く風」というのは、たとえば、デニスがホテルでバスタブに浸かると、ほこりとあかで浴槽の水が真っ黒になった、などという描写を指している。汚れたものを好む、という性的嗜好もある。

　このニューヨークのゲイの話を読んで、当然ながら私はあのなつかしいSF書店を思い出した。あとでわかったことだが、いつもはきはきした声で電話に出ていたベスは、数年後、出版社に入り、編集者として頭角を現して、今ではエージェントとして数多くの作家を育てているという。インターネットで調べてみると、ホームページがあったので、こわごわ覗いてみたら、ちょっと体格がよくなった、まぎれもないベスの写真が載っていた。

書籍情報

Bread & Wine: An Erotic Tale of New York, Samuel R. Delany, Mia Wolff (illustlation)
Juno Books刊

多ジャンル&多作な
大御所作家の
ホラー系短篇集

The Collector of Hearts

by Joyce Carol Oates

『ハートのコレクター』

ジョイス・キャロル・オーツ

ジョイス・キャロル・オーツ（Joyce Carol Oates）といえば、アメリカ文学界の大御所で、ノーベル文学賞候補ともいわれている女性作家である。とにかく書くことが好き、というタイプの作家で、小説だけでなく、ノンフィクション、詩、戯曲、文芸評論など、あらゆるジャンルの作品を発表している。翻訳もたくさんあるので、すでにご存じのかたも多いだろう。

　ただし、ジャンルをまたがって多作しているので、どういう作家か、イメージがつかみにくい。たとえば、2000年以降に翻訳されたものを見ても、マリリン・モンローの伝記『ブロンド：マリリン・モンローの生涯』（講談社）があるかと思えば、サイコキラーの告白という体裁の不気味な小説『生ける屍』（扶桑社文庫）もある。おまけに、『エデン郡物語：ジョイス・キャロル・オーツ初期短編選集』（文化書房博文社）という本も出ていて、これを読めば最初の二冊は別人が書いたものとしか思えない。

　しかし、すべての作品に共通するものもある。たとえば、『新

潮世界文学辞典』でオーツの項を見ると、次のように書かれている。

「その作品は、生地ニューヨーク州ロックポートを思わせる小都会を舞台に選び、そこに住む人々の表面的には平凡な日常生活をリアリスティックに描写、彼らの内面にひそむグロテスクなものを抉り出してみせるのが特色で、新しいゴシック小説と呼べよう」

これは主に初期の作品についての評言だと思うが、一見平凡な人間の内面にグロテスクなものを見る視点はどの作品にも共通する。ただし、後期になると、グロテスクなものにいっそう力点が置かれるようになり、まるでホラーのような短篇もたくさん書いている。

そのホラー系の作品は、これまでに三つの短篇集 ——*Night-Side*、*Haunted*、*Demon and Other Tales* ——にまとめられている。そのオーツさんの4作目のホラー系短篇集が、今回紹介する *The Collector of Hearts*（仮に『ハートのコレクター』と訳しておく）である。副題は、*New Tales of the Grotesque*（グロテスクの新しい物語）となっている。

70年代に翻訳で読んだオーツさんの短篇に、若い女性の片思いをテーマにしたものがあった。当時は女性の未練を描いた作品のように思えたが、今読めば、完璧に女ストーカーの話である（そのころ、ストーカーという言葉はまだ一般的ではなかった）。「表面的には平凡な日常生活をリアリスティックに描写、彼らの内面にひそむグロテスクなものを抉り出してみせる」とはそういうことだろう。

この本には全部で27編の短篇が収録されている。怪奇な雰囲気や、ある種の不吉な予感を描くだけで、はっきりした起承転結のない話も交じっているので、読者を選ぶと思うが、アメリカ流

のゴシック（ヨーロッパのゴシックと違って長い伝統はないが、足もとにぽっかり穴が開いたような、不安と恐怖をかきたてるのが特徴）の好きな人には堪えられない本だろう。

> ## 切れそうで切れない独特の文体で
> ## 何度も読み返したくなる不思議な味わい

　あらすじを書いてもあまり意味のない作品が多い中で、冒頭に収録されている「空色のボール」（*The Sky-Blue Ball*）はグロテスク趣味も抑え気味で、比較的紹介しやすい。どういうものか、ちょっと味見していただこう。ある女性が語る一人称の小説で、語り手の今の年齢ははっきりしないが、話自体はその女性が14歳の頃の回想である。冒頭に近い一節を引用すれば、次のように書かれている。

One day I found myself walking beside a high brick wall the color of dried blood, the aged bricks loose and moldering, and over the wall came flying a spherical object so brightly blue I thought it was a bird! – until it dropped a few yards in front of me, bouncing at a crooked angle off the broken sidewalk, and I saw that it was a rubber ball. A child had thrown a rubber ball over the wall, and I was expected to throw it back.

　短篇小説は文体がすべてで、切れそうで切れない長いセンテンス、俗にいう「ざるそば文体」のリズムに、まず読者は乗せられる。原文の言葉の流れを尊重して、試訳をすれば、とりあえず次のように訳すことができるだろう。

ジョイス・キャロル・オーツは1938年にニューヨーク州ロックポートに生まれた。本人によれば、物心つく前から文章を書いていたという。20代でデビューして、現在までにアメリカのほとんどの文学賞を取っている。今はプリンストン大学の教授でもあるし、ロザモンド・スミスの筆名でミステリも書いている。*The Collector of Hearts*は1998年にハードカバーが出て、1999年にPlumeからペーパーバックが出た。

　ある日、気がつくと、乾いた血の色をした高い煉瓦の壁の横を歩いていて、古びた煉瓦は朽ちて緩み、その壁の向こうから丸いものが飛んできて、あんまり鮮やかな青い色だったので、小鳥だ！　と最初は思ったけれど、すぐ目の前に落ちて、ひび割れた歩道で変な角度に跳ねたのを見ると、それはゴムのボールだった。どこかの子供が壁の向こうからゴム・ボールを投げ、わたしが投げ返すのを待っているのだ。

　大人でも子供でもない、14歳という微妙な年齢のこの少女は、田舎の農場から町の学校までバス通学していて、友だちの少ない、孤独な生活を送っている。ある日、その町にある廃工場のわきを歩いていると、「乾いた血の色をした」高い煉瓦の壁の向こうから真っ青な空色のボールが飛んでくる。そういえば、ちっちゃかった頃、あたしもこんなボールをもってたっけ、と思いながら、少女はそのボールを壁の向こうに投げ返す。すると、しばらく間をおいて、同じボールがまた飛んでくる。「いくわよ！」といってまた投げ返すと、今度は、その声で彼女の位置をつかんだのか、

相手はわざと彼女から離れたところにボールを投げ返す。すっかり夢中になった少女は、トラックに轢かれそうになりながらもそのボールを追いかけて、また投げ返す。それを繰り返しているうちに、壁の向こうに戻ったまま、ボールは返ってこなくなる。そのときには、向こうに誰がいるのか、気になって仕方がなくなっていたので、少女は意を決して、壁を乗り越え、廃工場に入ってゆく。その廃工場の中庭で、黄色い蝶々がおびただしく乱舞するなか、少女の見たものは……という話。

　オーツさんは長篇も数十作書いているが、私は短篇のほうが好きだ。その短篇の中でも、本書を含む4冊のホラー系作品群には、何度も読み返したくなるような不思議な味わいがあり、変な比喩だが、昭和中期の小学生の男の子が、高校生の姉の部屋をこっそり覗いたときのような、うっすらと血の臭いがする、郷愁に満ちた、妖しい闇が、そこにはある。

書籍情報

The Collector of Hearts, Joyce Carol Oates, Plume 刊

熱烈ファンが新作を待望。
リゴッティは貴重な
カルト的作家だ

The Shadow at the Bottom of the World

by Thomas Ligotti

『世界の底の影』

トマス・リゴッティ

　みなさんご存じの「カルト（cult）」という言葉は、17世紀くらいからあった単語だそうだが、もともと「宗教上の崇拝」つまり「信仰」を意味した。以後、ちょっと意味が変わり、本来、宗教ではないのに、まるで宗教のように何かを崇拝することもカルトと呼ぶようになった。英雄ナポレオンを熱狂的に支持する集団のことをナポレオン・カルトというのがその例である。日本では、信者に破壊的なダメージを与える邪教のことをカルトといったりする。

　小説の世界では、一般には知られていないものの、一部に熱心な読者がいる隠れた名作のことを「カルト的人気を博している作品」と呼ぶ。それを書いた作家は「カルト的作家」である。英語では、a cult figure となる。

　この表現、英米では60年代や70年代によく使われたが、日本では今でもけっこう使われている。ただし、使い方には注意が必要で、新作のホラー小説に、「今世紀最大のカルト・ホラー！」な

どという帯がついているのを見ると、新作がいきなり「カルト」になるのはおかしい、と思わなければならない。

H・P・ラヴクラフトというホラー作家は、生前には自費出版に等しい短篇集が1冊あっただけで、世間的にはまったく知られていなかったが、周囲に熱狂的な読者がいた。そういう人がカルト的作家である。

今回紹介するトマス・リゴッティ（Thomas Ligotti）という人も、最近では珍しいカルト的な人気を誇る作家である。作品は短篇が中心で、大手の出版社からはあまり本を出さない寡作の人だが、〈ニューヨーク・タイムズ・ブック・レビュー〉などメジャーな書評紙でも絶賛されているので、厳密な意味では「カルト作家」とはいえないかもしれない。たとえば、こんな評価を受けている。「もしも哲学的ホラーという分野があるなら、リゴッティの作品はそのように分類されるだろう。その挑発的なイメージと文体は読んで面白く、リリカルである」「たぶんリゴッティはこの分野における最も意識的な純粋主義者であろう。怪奇小説の特徴である〈めくるめく不思議感覚〉をリゴッティは完璧に表現する」

イメージや雰囲気を重視する文章は
読み込むほどに面白い

私はリゴッティの新作が出るとだいたい注文することにしているが、その中に『世界の底の影』（*The Shadow at the Bottom of the World*）という本がある。残念ながら旧作短篇の寄せ集めで（音楽CDでいえばベスト盤）、初出はホラー小説に関するエッセイだけだが（いわばボーナス・トラック）、ファンとしては買わざるを得ない。

トマス・リゴッティは1953年デトロイトの生まれ。ウェイン州立大学卒業。1981年に最初の短篇を発表する。寡作でも生活できたのは、合衆国企業年鑑や文学関係の学術書を出している出版社Gale Groupの編集者を20年務めていたからである。2001年に退職して、フロリダに移り、今では専業作家になっている。*The Shadow at the Bottom of the World*は2005年にCold Spring Pressからペーパーバックで出版された。

微妙な書き方の短篇が多いので（ストーリーではなく、イメージや雰囲気を重視する）、気合いを入れて読まないと置いてけぼりにされる、というのが、同じジャンルのスティーヴン・キングなどと違って一般受けしない原因だが、きちんと読めば、それだけの見返りはある。とはいえ、十六の短篇が収められた本書の冒頭にある「道化師の最後の祝祭」（*The Last Feast of Harlequin*）などは、誰が読んでもわかりやすくて面白いだろう。

語り手の「私」は道化を研究する学者で、研究熱心のあまり、みずから道化師の格好をして大道芸を披露するようになった人物である。「私」はある論文を読んで、ミロコーという田舎町で不思議な道化の祭りが伝統的に行われていることを知る。そこで、祭りの時期にミロコーに出かける。次に引用するのは、その祭りの喧噪の中で、不思議な扮装をした道化師を見つけるシーンである。

I was mingling with the crowd on the street, warmly enjoying the confusion around me, when I saw a strangely

designed creature lingering on the corner up ahead. It was one of the Mirocaw clowns. Its clothes were shabby and nondescript, almost in the style of a tramp-type clown, but not humorously exaggerated enough. The face, though, made up for the lackluster costume. I had never seen such a strange conception for a clown's countenance. The figure stood beneath a dim streetlight, and when it turned its head my way I realized why it seemed familiar. The thin, smooth, and pale head; the wide eyes; the oval-shaped features resembling nothing so much as the skull-faced, screaming creature in that famous painting (memory fails me). This clownish imitation rivalled the original in suggesting stricken realms of abject horror and despair: an inhuman likeness more proper to something under the earth than upon it.

　私は街角の群集に溶け込み、まわりの混乱を心から楽しんでいた。そのとき、ふと見ると、正面の交差点に異様な風体の人物がたたずんでいるのに気がついた。ミロコーの道化の一人である。その服装は粗末で地味だった。浮浪者タイプの道化がよくこういう格好をするが、それにしてはユーモラスな誇張が足りなかった。だが、顔の化粧には、衣装の凡庸さを補って余りあるものがあった。私は、これほど奇妙な発想で化粧をした道化の顔を見たことがない。相手は薄暗い街灯の下に立っていたが、こちらのほうに顔を向けたとき、どうしてそれが馴染み深く見えるのか、私はようやく理解した。痩せ細り、のっぺりして、蒼白い顔。間隔の開いた目。卵形の輪郭。そのいずれもが、例の有名な絵（題名は失念した）に描かれた骸骨づらの叫ぶ男にうりふたつだったのである。道化によるこの物真似は、恐怖と絶望に震える、身も世もな

い世界を見事に描いている点で、原典に匹敵していた。人間とは思えないその姿は、地上の生き物ではなく、地下に住む何かの生き物を思わせた。

　この道化、実は、ムンクの『叫び』に描かれた男の仮面をかぶっているのである。この趣向はウェス・クレイヴン監督のホラー映画『スクリーム』でも使われている。このあと、「私」は、みずからの恐ろしい血の秘密を知って、「最後の祝祭」をとり行う。

　なお、この作品の末尾には、「本編を H・P・ラヴクラフトに捧げる」という一行が添えられている。そこで読者は、これがラヴクラフトの有名な作品へのオマージュであったことを知る。ホラー小説の伝統はこうやって受け継がれていく。心ある読者はしばし感慨にひたるだろう。

書籍情報

The Shadow at the Bottom of the World, Thomas Ligotti, Cold Spring Press刊

リディア・デイヴィスの
短篇集を読んで
『伊勢物語』を思い出した

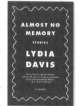

Almost No Memory

by Lydia Davis

『忘却のほぼ彼方』

リディア・デイヴィス

　　校時代、退屈な古文の教材の中で、伊勢物語だけは気に入**高**っていた。長い物語は人間関係を把握するだけで大変だが（大鏡とか、源氏とか）、伊勢ならそれぞれのエピソードが短いから読みやすい。しかも、妙に想像力を刺激される。たとえば、第四十五段のこんな話。

　「むかし、おとこありけり。人のむすめのかしづく、いかでこのおとこに物いはむと思ひけり。うち出でむことかたくやありけむ、物病みになりて死ぬべき時に、かくこそ思ひしかといひけるを、親聞きつけて、泣く泣く告げたりければ、まどひ来たりけれど、死にければ、つれづれとこもりをりけり。時は六月のつごもり、いと暑きころほひに、夜ゐは遊びをりて、夜ふけて、やゝ涼しき風吹きけり。蛍たかく飛びあがる。このおとこ、見臥せりて、『ゆく蛍雲のうへまで去ぬべくは秋風ふくと雁に告げこせ』『暮れがたき夏の日ぐらしながむればそのことゝなく物ぞ悲しき』」

　昔の参考書を引っ張り出してきて訳してみれば、

「昔、男がいた。ある家の娘がその男に恋慕して、ひと言でも口を利きたいと思ったが、いい出すことができず、思い屈して病の床に就いた。息を引き取る間際になって切ない思いを口にしたのを親が聞きつけ、涙ながらに男のもとに知らせたところ、男はあわてて駆けつけたが、とうとう間に合わなかった。それ以来、男には鬱勃とした日が続き、六月下旬の暑いころ、宵のうちは管弦の遊びで気が紛れていたが、夜が更けて、涼しい風が立ち、蛍が高く飛ぶのを横になったまま見ているうちに、こんな歌が口を衝いて出てきた。〈ゆく蛍よ、雲のうえまで行けるなら、地上には秋風が吹いていると雁に知らせておくれ〉〈なかなか暮れない夏の日をこうして物思いにふけっているとただ理由もなく悲しいものだ〉」

ということになるが、短いながらも物語があり、詩があり、人の魂や死んだ人の想いがどこへ行くか、という問題に関しての哲学がある。

アメリカの文学界できわめて高い評価を受けている女性作家、リディア・デイヴィス（Lydia Davis）の短篇集、『忘却のほぼ彼方』（*Almost No Memory*）を読んでいるときに、伊勢物語を思い出したのは、1ページにも満たない短い短篇がたくさん収められていたからかもしれない。もちろん、普通の長さの短篇もあって、それもよくできているが、まず目をひかれたのは超短篇のほう。たとえば、「十三番目の女」（*The Thirteenth Woman*）という作品がある。

1ページにも満たない超短篇は
物語と詩と哲学が融合されている？

In a town of twelve women there was a thirteenth. No one

admitted she lived there, no mail came for her, no one spoke
of her, no one asked after her, no one sold bread to her, no one
bought anything from her, no one returned her glance, no one
knocked on her door; the rain did not fall on her, the sun never
shone on her, the day never dawned for her, the night never fell
for her; for her the weeks did not pass, the years did not roll
by; her house was unencumbered, her garden unattended, her
path not trod upon, her bed not slept in, her food not eaten,
her clothes not worn; and in spite of all this she continued to
live in the town without resenting what it did to her.

　これで全文。この短篇集にはちゃんとした翻訳があるが（『ほ
とんど記憶のない女』白水社）、面白半分に訳してみれば、次の
ような話である。

　12人の女が暮らす町に、13人目の女がいた。女が住んでいるこ
とを受け入れる者はなく、郵便は届かず、話題にもならず、様子
をうかがう者もなく、誰も女にはパンを売らず、女からは誰も物
を買わず、視線を返す者もなく、玄関を叩く者もなくて、女の上
に雨は降らず、太陽も輝かず、暁の光がさすこともなく、夜のと
ばりがおりることもなく、日々は過ぎず、歳月は流れず、女の家
に番地はなく、庭の手入れはされず、私道は足で踏まれることも
なく、ベッドは使われず、食事が口にされることもなく、衣類に
袖が通されることもなかった。だが、それでも女は町に住み続け、
その仕打ちを恨まなかった。

　13という数にはキリスト教的な意味がありそうだが、普通の
読者としては、変な分析などしないで、ユーモアと怖さが背中合

リディア・デイヴィスは1947年生まれのアメリカの作家・詩人。フランス語の翻訳者でもあり、ミシェル・フーコーの哲学書やプルーストの『失われた時を求めて』などの翻訳で知られている。同じく翻訳家・作家のポール・オースターと4年間結婚していたことがある。本書は5冊目の短篇集で、初版は1997年に出て、2001年にPicadorのペーパーバックになった。

わせになっているところをまず賞味するべきだろう。

　ちなみに、この作家は、物語と詩と哲学を融合させたと評されている。ならば、ある意味で伊勢物語と同じではないか、と思っていたら、これまた短い「愛」（*Love*）という話があった。センテンス二つだけで成り立っている超短篇で、以下が全文である。

A woman fell in love with a man who had been dead a number of years. It was not enough for her to brush his coats, wipe his inkwell, finger his ivory comb: she had to build her house over his grave and sit with him night after night in the damp cellar.

　何年か前に死んだ男に恋をした女がいて、その男の上着にブラシをかけたり、インク壺を拭いたり、象牙の櫛を指で弾いたりしていたが、それでも虚しくて、ついに男の墓の上に家を建て、湿った地下室で夜ごと男と過ごした。

　という話だが、ためしに古文調で訳してみたら、ぴたりと決まり、なぜか伊勢物語になった。

「昔、女ありけり、みまかりし人を恋ひわたり、亡き人の衣、硯、櫛などいつくしみけるが、なほも嘆きて、つひに墓をすみかとし、露にしほるる霊屋《たまや》にて夜ごとかたりあひたり」

　アメリカ文学を研究している人からは鼻であしらわれるかもしれないが、それ以来、私にとってリディア・デイヴィスの超短篇は伊勢物語である。

書籍情報

Almost No Memory, Lydia Davis, Picador 刊
『ほとんど記憶のない女』リディア・デイヴィス著、岸本佐知子訳／白水Uブックス刊

アメリカ最貧州が舞台の
70年代の香り濃厚な小説

The Stories of Breece DJ Pancake

by Breece D'J Pancake

『ブリース・D'J・パンケイク短篇集』

ブリース・D'J・パンケイク

　アメリカの小説は日本でも人気があり、たくさん翻訳されているが、実は日本語で読めるものはほんの一部だといわれている。アメリカは広いし、人口も多く、地方によって風俗や習慣が違う。それぞれの地方に根づいた小説を書いている作家は、中央ではあまり紹介されず、したがって外国で翻訳される機会も少ない。

　今回読んだブリース・D'J・パンケイク（Breece D'J Pancake）という作家も、自分の生まれた地方、ウェスト・ヴァージニアの風俗や人情を書き続けた作家である。小説集は『ブリース・D'J・パンケイク短篇集』（*The Stories of Breece D'J Pancake*）という題でまとめられたものが一冊あるだけ——というのは、1979年に27歳の若さで亡くなっているからである。

　すでにお気づきのように、この作家は、D'J という変なミドル・ネームをもっている。なぜこんな名前になったかというと、最初の短篇が雑誌に発表されたとき、Breece D. J. Pancake と署名

して送ったところ（本名 Breece Dexter John Pancake の Dexter John を D.J. にした）、その D.J. が D'J とミスプリントされたのを、そのままペンネームにしたのだそうだ。

この短篇集には十二の作品が収められているが、冒頭の「三葉虫」（*Trilobites*）というのが、1977年に発表されたデビュー作である。

これは、コリーという若者の一人称で書かれた小説で、英語的には、なかなか手強い。センテンスは短いが、文章のつながりに飛躍があり、馴染みのない単語が頻出する。

コリーの家はサトウキビを栽培する農場だが、つい最近、父親が死んで、農場経営は困難になっている。不動産屋がやってきて、宅地造成をするから農場を売ってくれないか、とコリーに迫っている。

ウェスト・ヴァージニアはアメリカ最貧の州で、登場人物のほとんどは貧しい労働者である。太古の昔にこの州を流れていたテイズ川（The Teays）はすっかり干上がり、今、乾いた河床を掘れば、三葉虫などの化石が出る。

> 立松和平や佐藤泰志が好きな人に薦めたい
> 農場を経営する貧しい青年の物語

近所のカフェテリアでコーヒーを飲んだ語り手は、トラックに乗って自分の農場に帰る。そこのところは、次のように描写されている。

The sky has a film. Its heat burns through the salt on my skin, draws it tight. I start the truck, drive west along the highway built on the dry bed of the Teays. There's wide

　ブリース・D'J・パンケイクは1952年生まれの短篇作家。地元の大学を出たあと、国語の教師をしながら創作活動に入るが、1979年ショットガン自殺をする。自殺ではなく、銃の暴発による事故という説もある。同じくショットガンで死んだ作家、ヘミングウェイに匹敵する才能だったと惜しまれている。*The Stories of Breece D'J Pancake* は作者の死後、1983年に出版されて、しばらく手に入らなくなっていたが、2002年にBack Bayからペーパーバックが出て、今でも版を重ねている。

bottoms, and the hills on either side have yellowy billows the sun can't burn off.

　空には薄い膜がかかっている。ぼくの皮膚に浮いた塩を通してその熱が焼けつき、皮膚が張りつめる。ぼくはトラックを出し、テイズ川の乾いた河床に敷設されたハイウェイを西に向かう。川底のあちらこちらが広くなり、両側の傾斜面には黄色っぽい波模様がついていて、太陽もそれを焼いて消すことはできない。

　ウェスト・ヴァージニア独特の干上がった河床の風景が目に浮かぶようだ。

　農場に戻ったあと、語り手は小川沿いの水たまりに行く。そして、次のようなことをする。

I take up my sack and gaff for a turkle. Some quick chubs flash under the bank. In the moss-dapples, I see rings spread where a turkle ducked under. This sucker is mine. The pool

smells like rot, and the sun is a hardish brown.

　ここで、turkle という単語が出てくる。知らない単語なので、辞書を引いたが、リーダーズにもランダムハウスにも載っていない。こういうときには、無視して読み進めるのが一番である。あとになって、必ず別の言葉で説明されるはずなのだ。案の定、次のページに、これは turtle（亀）のことだと書いてあった。ジーニアス英和大辞典には turkle が載っていて、turtle の「視覚方言」とある。その言葉が方言や俗語であることを、活字でもひと目でわかるように表現するため、綴りを少し変えるのを「視覚方言」というらしい。要するに、語り手は亀を捕まえようとしているのだ。

　ぼくは魚籠と鉤竿を取って亀を狙う。素早い魚たちが土手の下できらめいている。苔でまだらになったところに、水の輪が広がっているのは、その下に亀が隠れたのだ。この間抜けな亀はもらった。水たまりはめちゃくちゃ臭い。日の光は濃いめの褐色をしている。

　亀を捕まえてどうするかというと、食べるのである。続いて、亀の甲羅をはぎ、肉をとる描写が出てくる。これもウェスト・ヴァージニアの風習なのだろう。こういう細部が、とても面白い。

　会話も地方色豊かで、都会小説と同じ調子で読み飛ばすことはできない。たとえば、語り手が、死んだ父親の戦友とカフェテリアで話をするところには、こんなやり取りが出てくる。

　"Going out with Ginny tonight," I say.
　"Give her that for me," he says. He takes a poke at my whang.

Ginny というのは語り手が付き合っている娘。最後の whang は卑語だが、次のような意味だろう。

「今夜はジニーとデートなんだ」ぼくはいう。
「おれの代わりにこいつをプレゼントしてやってくれ」そういっ
て、彼はぼくのまたぐらを突っつく。

　全体に、70年代テイストが濃厚な作品集なので、万人向けではないかもしれないが、立松和平（『遠雷』）や佐藤泰志（『そこのみにて光り輝く』）が好きなら、楽しめるはずである。

書籍情報

The Stories of Breece D'J Pancake, Breece D'J Pancake, Back Bay Books 刊

3章
評論、伝記、そして英語論

SF大家の愉快な書簡集に笑い、

産業化以前のイギリスの

意外な事実を知る

「ニューヨーカー」の
名物映画評論家による
辛口風味の映画評大全

5001 Nights at the Movies

by Pauline Kael

『映画五千一夜』

ポーリン・ケール

仕事がら、書評をお願いします、とか、この本の感想を書いてください、といった注文がときどき入ってくる。しかし、書評や感想を書くのはほんとうに難しい。意外に思われるかもしれないが、相手が難しい文学作品なら、比較的簡単である。複雑怪奇な作品は、取りつく島もないように見えて、よく探せばいろいろな斬り込み方を見つけることができる。ジェイムズ・ジョイスの『フィネガンズウエイク』という作品がいい例で、この難解な長篇に関する評論文、感想文は、何万も発表されている。無数の顔をもっている作品だから、それぞれの評者が好き勝手なことをいっても、いちおう様になるのだ。

それに比べて、ミステリや映画の評論は難しい。なぜかというと、ミステリや映画は、誰が見ても楽しめるようにつくってあるからである。中にはつまらないものもあるが、少なくともつくり手本人は不特定多数の読者や観客に向けて面白いものをつくろうと努力している。しかし、つくり手の意向に沿った感想を述べる

とつまらない文章になるし、好き勝手なことを書いて読み手を納
得させるには高等な技術がいる。

　例を挙げれば、おしまいに意外な犯人が登場するミステリがあ
るとして、その感想を求められ、「最後に意外な犯人が明らかに
なる」と書くのは間が抜けている。ラストで人を感動させるよう
につくられた映画を見て、「この映画のラストは感動的である」
と書くのも、何かおかしい。納得がいかなかった場合でも、「最
後に意外な犯人が明らかになるが、それまでのこれこれこういう
手続きに不備がある」とか、「感動的なラストだが、次に述べる
ような理由で作為的な押しつけがましいものになっている」など
と、具体的に指摘しなければならないのだが、それをするには人
並外れた知識や経験、センスが必要になるのである。

　この難しい仕事を延々と続けた人物に、ポーリン・ケール
（Pauline Kael）がいる。ポーリン・ケールは、ニューヨークで活
躍していた映画評論家で、1941年にオーソン・ウェルズが撮った
『市民ケーン』の制作にかかわってから、2001年に82歳で亡くな
るまで第一線にいたベテランでもある。映画評論集は何冊も発表
しているが、その中で集大成的な意味があるのが、今回紹介する
5001 Nights at the Movies である。5001 Nights というのは、アラ
ビアン・ナイトの千一夜にひっかけた洒落で、『映画五千一夜』と
いう意味だが、誇張ではなく、この分厚い本には、五千本以上の
映画評が収録されている。

　ニューヨークに〈ニューヨーカー〉という週刊誌があるのはみ
なさんもご存じだろう。その〈ニューヨーカー〉に、"Going On
About Town"（「街の出来事」）というコラムがあり、映画・演劇・
音楽の短評が掲載されている。長年にわたってその欄に映画評を
書いていたのがケールさんで、それを集大成したのがこの『映画
五千一夜』なのである。

長めのものでも1ページ以内、短いものなら十数行という分量なので、適当なページを開いて楽しむことができるが、辛口の評論が多いから、馴れないうちはびっくりするかもしれない。

『愛の嵐』はポルノ・ゴシック？
数々の有名映画も切れ味鋭い筆致で批評

たとえば、リヴァー・フェニックスが出て日本でもヒットした『スタンド・バイ・ミー』について書かれた文章がある。この映画は、少年の純真なひたむきさ、美しい友情、少年が大人になる悲哀、といった言葉で語られてきたが、ポーリン・ケールにいわせれば、「善意と誠実の大安売り。『大草原の小さな家』じゃあるまいし」となる。女性監督リリアナ・カヴァーニの耽美映画で、熱狂的ファンが多い『愛の嵐』に対しても、「ポルノ・ゴシック。男と同じように女にも屑みたいな映画が撮れることを実証しただけ」と手厳しい。

原文を引用すれば、マイケル・ダグラス、グレン・クローズ主演でエイドリアン・ライン監督が撮った『危険な情事』は、次のように評されている。

The film is about men seeing feminists as witches, and the way the facts are presented here, the woman is a witch. Brandishing a kitchen knife, she terrorizes the lawyer and his family. Basically this is a gross-out slasher movie in a glossy format. It's made with swank and precision, yet it's gripping in an unpleasant, mechanical way.

これはフェミニストを魔女と見なす男たちについての映画であ

> *5001 Nights at the Movies* は、1982年に初版が出た。そ
> のあとも〈ニューヨーカー〉の連載は続いていたので（実質
> 的には1994年まで）、数百本の文章を付け加え、1991年に
> 改訂したのがこの本である。ポーリン・ケールは、「インテ
> リに支持される映画評論家」といわれたが、アメリカでも
> 映画評には提灯持ちの記事が多かったのだろう。ケールさ
> んは日本映画にも詳しく、この本でも市川崑の『野火』を
> 「傑作」と評している。

る。事実が提出されているやり方を見れば、確かにヒロインは魔
女である。台所の包丁を取って、彼女は弁護士一家を恐怖に陥れ
る。基本的には、これは、むかむかするスプラッタ映画（a gross-
out slasher movie）の高級版（in a glossy format）に過ぎない。
洗練された几帳面な作り方をしているが、観客の心をつかむやり
方は不愉快で人為的である。

　構成としては、まず「これはフェミニストを魔女と見なす男た
ちについての映画である」と全体の印象をまとめる。そのあと、
微妙なところだが、「事実が提出されているやり方を見れば」や
「洗練された几帳面な作り方」というフレーズで、この映画のテ
クニックをそれなりに評価する。そして、「観客の心をつか」ん
でいる映画だということも評価される。それを認めた上で、やり
方が「不愉快で人為的」だと文句をつける——綾のある文章で、
翻訳しづらいのだが、そういう仕組みになっていることは理解し
ていただけるだろう。
　制作現場のハリウッドのそばで活動している西海岸の映画評論

家には、浮き世のしがらみがあるのか、欠点をあからさまに指摘する批評は書きにくいといわれている。東海岸に住むケールさんは、その点、自由な立場で発言を行っている。有名な話だが、書きたいことを書く権利を確保するために、試写会で映画を見るようなこともしないという。つまり、一本の映画の批評を書くときには、映画館に出かけて、必ずお金を払って見る。似たような仕事をすることのある者の立場でいえば、これは、口でいうのは易しくても、実行するのは難しい。おおむね批判ばかり書いてあるこの評論集を読んでも嫌な感じがしないのは、筆者が自由な立場から物をいっているからである。

書籍情報

5001 Nights at the Movies, Pauline Kael, Henry Holt 刊

SF作家アシモフの
膨大な手紙をまとめた
ユーモラスな書簡エッセイ

Yours, Isaac Asimov

ed. by Stanley Asimov

『敬具、アイザック・アシモフ』

スタンリー・アシモフ編

作家のアイザック・アシモフは、72年の生涯で約500冊の本を書いた。もちろん、これは大変なことで、0歳のときから作家になっていたとしても、毎年7冊くらい本を出さなければ、500冊には届かないのだ。

最盛期にはほとんど毎月のように本が出ていたので、その多作にちなんで、いろいろな伝説もできている。

たとえば、アシモフは、タイプライターを2台机に置き、右手と左手で同時に2冊の本を書いていた、という伝説もある。それには続きがあって、夏になると、もう2台タイプライターを用意し、床に置いて、右足と左足の指で、同じようにあと2冊本を書いた、ともいわれている。なぜ夏かというと、冬にはソックスをはくので、タイプが打てないのだ。

ご承知のように、アシモフはロシア系のユダヤ人で、SF作家、大学教授、科学解説者、エッセイストなど、さまざまな顔をもち、日本でもたくさんの作品が翻訳されている。SFのほうでは『わ

れはロボット』などのロボットものや、『銀河帝国の興亡』などの
ファウンデーション・シリーズが代表作だろう。ミステリも書い
ていて、こちらのほうは〈黒後家蜘蛛の会〉というシリーズがよ
く知られているし、新聞や雑誌に書いた科学コラムもまとめられ
て、何十冊もの本になっている。

　1992年の4月6日にアシモフが亡くなったとき、十歳下の弟、
スタンリー・アシモフは、兄の手紙を整理して、書簡集を出すこ
とを計画した。

　アシモフの主な手紙は、生前に彼が生化学の教授をしていたボ
ストン大学に寄贈されている。スタンリーは、それを整理すれば
書簡集になると考えていたが、ボストン大学に行ってみると、手
紙の数はあまりにも膨大だった。一日に十時間ぶっとおしで読ん
だとしても、全部読み終えるのに、最低で4か月はかかるくらい
の量があったという。

　ざっと計算すると、アシモフは生涯に十万通の手紙を受け取り、
その9割に返事を出していたのがわかった。500冊本を書いただ
けでなく、9万通の手紙も書いていたのである。

　もちろん、それは、封書など、カーボン・コピーが残っている
ものだけの話で、基本的にコピーを取っていなかった葉書などを
合わせると、その量はもっと増えることになる。これでは一生か
かっても整理できないだろうし、本にしたら何十冊もの分量にな
るだろう。

文通相手にはウディ・アレンも！
さまざまなテーマ別に楽しめる書簡集

　というわけで、スタンリーは、膨大な手紙の中からエッセイと
しても読める箇所を抜き出して、それをテーマ別に分類する、と

編者のスタンリー・アシモフ（Stanley Asimov）はアイザック・アシモフの実弟で、ニューヨークの有名な夕刊紙〈ニューズデイ〉の編集主幹をしていた。コロンビア大学の大学院でジャーナリズムを教える講師でもあった。1992年に退職してからは、兄のアイザックの書簡をまとめることに没頭し、1995年、本書を出版した。その直後、スタンリーも世を去っている。ペーパーバック版はDoubleday社のMain Street Booksの一冊として1996年に出た。

いうやり方をとった。

　その本は、1995年に、『敬具、アイザック・アシモフ——手紙による生涯』（*Yours, Isaac Asimov: A Lifetime of Letters*）として出版されたが、以上のような理由から、普通の書簡集と違って、年代順ではなく、SFについて、ファンについて、化学について、若者について、旅行について、などと、テーマ別に手紙の抜粋が並んでいる。

　一例を挙げれば、〈編集者と出版社について〉という項目を見ると、次のような手紙が紹介されている。これは、1977年の4月9日に書かれたものだそうである。

I'm reminded of a parable told me by an ancient Jewish rabbi:

"The Holy One noted one day as he sat high on his throne in Heaven that writers were indeed a favored lot. They worked whatever hours they wished, on material of their own choosing, unhampered by the hurly-burly of the world.

"He felt (blessed be He!) that this was unfair to others of mankind. So he decided to balance the good things bestowed on writers with an equal quantity of evil. So he gave them publishers."

P.S. I am an exception. I love my publishers.

そういえば、ユダヤのある年老いた律法博士から聞いたこんな寓話を思い出しました。

「天の王座にまします聖なる神が、ある日、作家は実にえこひいきされているとおっしゃった。作家というものは、自分の好きな時間に仕事をして、世間のごたごたにも悩まされることなく、勝手なことを書いて暮らしている。

これはほかの人間たちに不公平だと、神はお考えになった（おせっかいなやつ！）。そこで、作家に恵まれたさまざまな利点を相殺するために、同じ分量の害悪を作家に押しつけることにした。そんなわけで出版社というものができあがったのである」

追伸。私は例外。私の本を出している出版社は大好きです。

ユダヤ人はジョークが好き、という定説があるそうだが、アシモフの手紙にもユーモアは大量に含まれている。1ページに1か所はかならずぷっと吹き出す箇所があり、ユーモア・エッセイとしても楽しめるだろう。

そんなふうに、なかばエッセイ集の体裁を取っているので、収録された手紙が誰に宛てたものか明記されていないことも多いのだが、よく読むと、文通の相手として、ウディ・アレンや、スティーヴン・キングや、レナード・ニモイ（スター・トレックの）などが登場する。

アシモフの作品は世界中で親しまれていたので、送られてくる

ファン・レターの数も半端ではなかったという。アシモフの住所は公表されていたわけではないので、ファンの中には、宛て名に、

「アメリカ合衆国、有名な作家、アイザック・アシモフ様」

としか書いてこない者も多かったらしいが、それでも手紙はちゃんとアシモフの自宅に配達された。郵便屋さんにもアシモフのファンがたくさんいたのである。

書籍情報

Yours, Isaac Asimov: A Lifetime of Letters, ed. by Stanley Asimov, Random House
刊

ミステリ評論の第一人者
ジュリアン・シモンズの
20年間の集大成を読む

Criminal Practices

by Julian Symons

『犯罪的実践』

ジュリアン・シモンズ

　ミステリ評論家と呼ばれる人はたくさんいる。私もミステリ関係の仕事をしていて、翻訳家といわれることもあるし、ミステリ研究家と呼ばれたり、海外ミステリ評論家と呼ばれたりすることもある。

　しかし、ミステリを題材にして評論を書くのはとてもむつかしい。一般には、一冊の本の筋書きを紹介し、面白いか面白くないかを判定するのがミステリ評論だと思われているようなふしもあるが、それは単なる「本の紹介」であって、評論とはいわない。しかも、評論にしろ、紹介にしろ、ミステリの場合は、少なくとも結末だけは明かしてはならないという制約があり、いざ書こうとすると、一般の本の紹介より数倍も苦労するのだ。その昔、いわゆる普通の文芸評論家がミステリを論じ、犯人をばらして読者の顰蹙をかったこともある。

　世界じゅうを見渡して、「ミステリ評論家」という呼び名が一番ふさわしい人物は、イギリスのジュリアン・シモンズ（Julian

Symons）だろう。亡くなっているので、だった、というべきかもしれないが。

　シモンズは戦前に詩の評論家として文壇に登場した人物で、戦後すぐにミステリ作家兼評論家としての活動を始め、その後、50年間、ずっと第一線で活躍してきた。『犯罪的実践』（*Criminal Practices*）は、シモンズの最後の著作で、亡くなる前の20年のあいだに発表したミステリ関係の文章を一冊に集めたものである。

　全体は四部に分かれ、第一部では、コナン・ドイルのシャーロック・ホームズや、アガサ・クリスティ、アースキン・チルダーズ、マージェリー・アリンガム、P・D・ジェイムズ、ルース・レンデル、ジョン・ル・カレ、ディック・フランシスなど、イギリスの作家が論じられている。第二部では、エドガー・アラン・ポー、レイモンド・チャンドラー、パトリシア・ハイスミス、ロス・マクドナルドなど、アメリカの作家が論じられ、第三部では、ジョルジュ・シムノン（フランス）、アントン・チェーホフ（ロシア）というその他の国の作家が登場し、第四部には、リンドバーグの愛児誘拐事件など、英米で起こった実際の犯罪についての文章が収められている。

クリスティの回想的追悼文も執筆
論理的で見識のある書評スタイルは見事

　その文章の多くは書評として発表されたものだが、イギリスの書評のスタイルがどういうものかを知りたい人にも、それぞれが見本として参考になるだろう。つまり、雑誌に載る英米の書評は、分量が多くて、1冊の本の周辺を縦横に論じている。逆にいえば、よほどの見識がないと、それだけの分量を埋めることができないのである。

日本でもお馴染みのアガサ・クリスティについての文章は、全
部で4本収められているが、その中の1本はクリスティの自伝の
書評、もう1本はクリスティが亡くなったときに書かれた回想的
追悼文、あとの1本は第三者によるクリスティ論の書評で、最後
の1本はミステリ史におけるクリスティの位置を論じたものであ
る。例として、その最後の1本の冒頭を引用しておこう。

**Agatha Christie would have felt it both unnecessary and
unpleasant to describe the physical details of a violent crime,
or the mental agony suffered by a victim of rape. Nobody is
ever raped in an Agatha Christie story. Her attitude would
have been that one knows such things happen but that they
were hardly suitable subjects for detective fiction. It was the
plotting of crime that fascinated her, not its often unpleasant
end, and it is as a constructor of plots that she stands supreme
among modern crime writers. Raymond Chandler once said
that plotting was a bore, a necessary piece of journeywork
that had to be done, the actual writing was the thing that gave
the author pleasure. Agatha Christie's feelings were almost
the opposite of these, which is one reason why she didn't care
for Chandler's work.**

アガサ・クリスティは、暴力的な犯罪の実態や、レイプの被害
者の心理的な苦痛を細かく描写するのは不必要であり不快である
と考えていた。アガサ・クリスティの作品で登場人物がレイプさ
れたことは一度もない。そんな事件が起こるのは知っているが、
探偵小説の題材としては似つかわしくない、というのが彼女の基
本姿勢であった。彼女が魅せられていたものは犯罪のトリックで

ジュリアン・シモンズは、1912年生まれの作家、評論家で、コピーライター、ジャーナリストを経て、詩の同人誌の編集にたずさわり、30年代にはジョージ・オーウェルらと文学活動を行っていた。ミステリ評論の代表作は、1972年に書かれたミステリ文学史、*Bloody Murder*（邦訳は『ブラッディ・マーダー——探偵小説から犯罪小説への歴史』）。長篇ミステリでは、『犯罪の進行』『殺人の色彩』『自分を殺した男』などが翻訳されている。この *Criminal Practices* は、1994年Macmillanからペーパーバックが出版された。

あって、しばしば不快なものになる犯罪の結果ではない。そして、現代の犯罪作家の中で、クリスティは、トリックの案出者として群を抜いていた。かつて、レイモンド・チャンドラーは、トリックを考えるのは退屈であり、避けて通れない手間仕事に過ぎず、作家というものは実際に書く行為によって喜びを感じる、といったことがある。アガサ・クリスティの実感はほぼその正反対であり、そんなこともあって彼女はチャンドラーの作品をあまり買っていなかった。

（原文の plotting〔筋を考えること、構想を立てること〕という言葉は、ミステリの実情に即して「トリック」と訳した。「見事なトリックだ」というのを英語に訳せば、「excellent plotting」になる）

文章は論理的でわかりやすく、評論的な文章を読み慣れていない人でも素直に理解することができるだろう。近ごろ、クリスティは、文章が古めかしい、とか、文学的でない、とか、否定的な

評価をされているが（その点に関してはシモンズも高く評価しているわけではない）、トリックのつくり手としては抜群、といった具合に、評価すべきところはちゃんと評価している。チャンドラーとの比較も適切で、なかなか目配りが利いている。

　小説家としてのシモンズは、若い頃の作品が何冊か翻訳されているが、実は、晩年ほどいい作品を書いている。興味のある人は、『恋に似たもの』（*Something Like a Love Affair*, Pan Books）という1992年の作品（もちろん、ミステリ）を読んでみるといいかもしれない。最初に書いたように、シモンズは故人で、1994年に82歳で亡くなったが、その直前まで週刊誌に書評を書いていた。新刊書の書評は、「泥をかぶる仕事」といわれ、偉くなった評論家は手控える傾向があるが（少なくとも日本では）、地道に書評を書き続けたことがシモンズの一番の偉業であるといえるかもしれない。

書籍情報

Criminal Practices, Julian Symons, Macmillan刊

英国ミステリ界の
「二代目女王」による
ちょっと変わった自伝

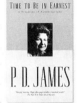

Time to Be in Earnest

by P. D. James

『誠実になるべき年齢』

P・D・ジェイムズ

　　　　　が初めて最後まで読み通したミステリのペーパーバックは、アガサ・クリスティ1969年の作品『ハロウィーン・パーティ』（*Hallowe'en Party*）である。クリスティというと、今や歴史上の人物になってしまったが、私がミステリを読み始めた頃はまだ現役で、毎年、新作を発表していた。ちなみに、『ハロウィーン・パーティ』はかなりの問題作で、あのトリックだけは許せない、と息巻いている人もいたくらいだが（今読むと、かえって現代的かもしれない）私は気に入っている。そのクリスティは、1973年、83歳のときに最後のミステリ『運命の裏木戸』を発表し、2年後、戦前に書いたまま封印していた『カーテン』を出し、75年、85歳で亡くなっている。

　ご承知のように、クリスティは「ミステリの女王（英語では韻を踏んで Mistress of Mystery という——Mistress には「女教師」「情婦」の意味もあるが、この場合は修辞的に「女王」を意味する雅語）」と呼ばれていたが、亡くなってすぐ、いろいろな雑誌に、

「二代目のミステリの女王は誰か？」という記事が出たのを憶え
ている。

　女性のミステリ作家が多い国なので、何人かの才能ある作家が
その「二代目」に擬せられた。もちろん、クリスティのような作
家がざらにいるわけはないので、そのうちに「二代目」問題はう
やむやになってしまったが、それから数十年近くたって振り返っ
てみると、クリスティ亡きあと、イギリスのミステリ界に君臨し
た女性作家といえば、やはりP・D・ジェイムズ（P. D. James）に
なると思う。

　P・D・ジェイムズが最初の長篇『女の顔を覆え』を発表したの
は1962年で、同じ年にクリスティは後期の名作の一つ『鏡は横
にひび割れて』を出している。年齢でいえば、二人はちょうど30
歳違いで、ジェイムズはクリスティの子供の世代に当たる。時は
流れ、今やP・D・ジェイムズも2014年に世を去り、次の後継者
は誰か、という話が出ている。

　クリスティは最晩年に自伝を書き、没後の1977年に『アガサ・
クリスティ自伝』（*Agatha Christie: An Autobiography*）として出版
されたが、「二代目女王」のP・D・ジェイムズも自伝を出してい
る。それが今回紹介する *Time to Be in Earnest: A Fragment of
Autobiography* という本である。

日記形式の自伝には
作家デビューが遅かった背景も

この題名は、18世紀の文人、サミュエル・ジョンソンの、

At seventy-seven it is time to be in earnest.

「77歳は誠実になるべき年齢である」

という言葉から採られている。訳せば、『誠実になるべき年

本書 *Time to Be in Earnest* の一部は、〈スペクテーター〉と
いうイギリスの保守派の週刊誌にとびとびに掲載されてい
た。1998年に掲載が終わり、1999年、Faber社からハード
カバー版が出版された。巻末には、ジェイン・オースティン
の『エンマ』をミステリとして考察したエッセイが付録と
して掲載されており、これも面白い。

齢・自伝の一断片』というわけである。

　P・D・ジェイムズは1920年（大正9年）生まれで、1997年、77
歳のときにこの本を書き始めた。面白いことに、自伝とはいいな
がら日記形式で書かれていて、昔の思い出のほかに、その日にあ
ったこと、その日に考えたことも「誠実に」書き綴られている。
つまり、自伝でもあり、省察録でもあって、二通りの楽しみ方が
できるのである。

　ところで、「P・D・ジェイムズ」とは、むろん筆名で、「フィリ
ス」というファーストネームが「P」とイニシャル化されたこと
によって、男なのか、女なのか、区別がつかなくなっている。こ
のことから、P・D・ジェイムズは自分を男と思わせたがっている
のだ、とか、いや、男社会への皮肉を込めているのだ、とか、さ
まざまな意見が述べられてきたが、本書によると、別に深い意味
はなかったという。ジェイムズさんは次のように書いている。

**My memory is that when the manuscript was ready to be
sent off to an agent or publisher, I wrote down Phyllis James,**

Phyllis D. James, P. D. James, and decided that the last and shortest was enigmatic and would look best on the book spine.

　記憶によれば、原稿（第一長篇の『女の顔を覆え』を指す）をエージェントや出版社に送るときになって、フィリス・ジェイムズ、フィリス・D・ジェイムズ、P・D・ジェイムズと、いろいろ書いてみて、最後の一番短いのが謎めいているし、本の背表紙に印刷されたときにも見栄えがする、と思った。

　のちに人気作家になって、アメリカでのサイン会に出たとき、本国ではサイン会にあまり人が集まらないのに、アメリカ人はなんであれイベントが大好きなので、押すな押すなの大盛況になり、おびただしい数の本にサインをさせられ、短い筆名にしておいてよかった、と改めて思ったそうである。

　この長篇第一作については──

Glancing now through *Cover Her Face*, I am struck by how conventional it is. This is very much of a detective story in the mode of Agatha Christie even if it aspires to probe more deeply into the minds and motives of its characters.

　今、『女の顔を覆え』をざっと振り返ってみると、パターン通りなのに驚かされる。登場人物の心理や動機を深く掘り下げようとはしているのだが、まさしくアガサ・クリスティ流の探偵小説である。

　と述べて、クリスティの影響下に出発したことを認めている。この第一作を出したときジェイムズさんは42歳。遅いデビュー

になったのは、不治の病に倒れた旦那さんを献身的に看病してい
たからで、その旦那さんを看取ってから、作家になったのである。
この辺の夫婦愛の物語は淡々と、しかし情愛を込めて書かれてい
る。

　1977年、P・D・ジェイムズは英国推理作家協会の幹部として
アメリカの推理作家協会を表敬訪問した。偶然だが、そのときの
講演会で私はP・D・ジェイムズと会っている（といっても、顔
を見ただけ）。そばにはエラリー・クィーンがいた。今振り返れ
ば、夢でも見ていたようだが、これは私が24歳のときの「自伝
の一断片」であり、本当の話である。

書籍情報

Time to Be in Earnest, P. D. James, Ballantine Books 刊

目から鱗の話が満載。
19世紀英国小説を猛烈に
読みたくなる入門書

Is Heathcliff a Murderer?

by John Sutherland

『ヒースクリフは殺人者か?』

ジョン・サザランド

19 世紀のイギリスの小説は面白い。それはたしかである。面白くなければ、百年以上も前の数々の小説が、今でも版を重ねているはずがない。

　日本でもそのほとんどは訳されているし、たとえ絶版になったとしても、何かの機会にすぐ復刊される。ヘンリー・ジェイムズの『ある貴婦人の肖像』（1881年）が、映画化を機に岩波文庫で甦ったこともあるし、ウィルキー・コリンズの、今風にいえば「ミステリ・ロマン」であるところの『白衣の女』も、いつのまにか岩波文庫に入っていた（今は品切れかもしれない）。何代か前のイギリス首相、ジョン・メージャーも、無人島に持っていく小説を一冊挙げてくれ、といわれて、19世紀の巨匠、アントニー・トロロープ（1815-82）の作品を選んでいた。

　ただし、水で薄められたような、今の時代の小説に馴れていると、19世紀のイギリスの小説は、ちょっと歯ごたえがありすぎるかもしれない。だいいち、どれも長くて（もともとは上中下の

三巻本で出版される習慣があった）、読み終わるには何か月もかかりそうだし、英語も難しく、辞書を引きながらでないと読みこなせないだろう。

　そういう事情は、当のイギリスでも同じらしく、19世紀イギリス小説の面白さを読者に伝えるためのガイド・ブックのたぐいは何冊も出ている。その中には、教科書的な堅苦しい本も多かったが、『ヒースクリフは殺人者か？』（*Is Heathcliff a Murderer?*）という本は、とても面白い英国19世紀小説の入門書になっている。

　この本には、34編の短いエッセイが集められているが（短くて読みやすい）、その34編それぞれに、一読して目から鱗が落ちるような話が散りばめられているのだ。

　たとえば、『ジェーン・エア』を書いたシャーロット・ブロンテの長篇に、『ヴィレット』という作品がある（みすず書房から翻訳が出ている）。その小説の結末では、ヒロインの婚約者が海難事故で死んでしまう。つまり、悲しい小説のはずなのだが、一番最後のページには、実は婚約者は生きていて、二人はその後幸福に暮らしました、と思ってもらってもよい、というような意味のあいまいな記述がある。つまり、大事な登場人物が生きているのか死んでいるのか、はっきり書いていないのだ。

現代とは大きく異なる19世紀の小説事情にも言及し、興味深い謎が次々登場

　現代小説のつもりで読んでいると、この結末にはびっくりしたり、腹がたったりするだろう。なぜこんなことになったのか、『ヒースクリフは殺人者か？』の中の一編で、著者のジョン・サザランド（John Sutherland）は謎解きをしてくれる。

　それによると、これは当時の小説の流通形態に関係があるという。今と違って、19世紀のイギリスでは、小説はあらかた貸し本屋が買い上げる習慣になっていた。一般の読者は、自分で買うのではなく、貸し本屋で借りて小説を読んだ。その貸し本屋の元締めをやっていた人物が、実はハッピーエンドが好きだったのである。つまり、悲しい小説は、貸し本屋で扱ってもらえなかった。そこで、苦肉の策として、無理やりハッピーエンドにした、というのが『ヴィレット』に二重の結末がある理由だという。

　そんなふうに、いろいろな小説を取り上げたエッセイがこの本には並んでいて、ドラキュラはなぜイギリスにきたか？　とか、（ジキルとハイドの）ハイド氏はどんな顔をしていたか？　とか、シャーロック・ホームズ・シリーズの「まだらの紐」には隠された秘密がある、といった興味津々の話題が満載されているのである。

　題名になっている「ヒースクリフは殺人者か？」というエッセイでは、さきほどのシャーロット・ブロンテの妹、エミリー・ブロンテの『嵐が丘』に関する謎が取り上げられている。

　『嵐が丘』の主人公、ヒースクリフは、かなり乱暴な男で、彼によって死に追いやられた人物は何人もいるが、実際に自分の手で人を殺したとは書かれていない。ところが、よく読むと、ヒースクリフは嵐が丘の当主ヒンドリー・アーンショーを殺したのではないか、という疑いが出てくるらしい。ヒンドリーは、酒に溺れて自滅したことになっているが、死んだときにはヒースクリフがそばにいて、しかもヒースクリフはヒンドリーの死体を検視させず、すぐに埋葬してしまう。

　そうした状況証拠を、サザランドは一つひとつ拾いあつめ、最後にはこう結論づける。

There are no clear answers to this puzzle. As Ian Jack has noted, '*Wuthering Heights* is one of the most enigmatic of English novels'. Whether or not Heathcliff is guilty of capital crime remains a fascinating but ultimately inscrutable enigma at the very heart of the narrative. For what it is worth, I believe he did kill Hindley, although for any unprejudiced jury it is likely that enough 'reasonable doubt' would remain to acquit him.

　このパズルには明快な解答がない。イアン・ジャックが述べたように、〈『嵐が丘』は英国小説史上屈指の謎めいた作品〉なのである。ヒースクリフが殺人という重罪を犯し得たかという問題はなかなか魅力的だが、この物語の中心に位置する解明不可能な謎として残るだろう。ただ、真偽のほどはわからないが、私としては彼がヒンドリーを殺したと信じている。もちろん、偏見のない陪審員が検討すれば、充分な〈合理的な疑い〉がないとして無罪になる可能性は大きいだろうが。

　これを読んだ読者は、もう一度『嵐が丘』を手に取って、サザランドの説が正しいかどうか、自分の目でたしかめたくなるのである。

　このエッセイ集は、一度読んだことのある作品ならまた読みたくなるし、まだ読んだことのない作品だったらこの際読んでみようかと思わせてくれる、優れたブック・ガイドである。

書籍情報

Is Heathcliff a Murderer?, John Sutherland, Oxford University Press 刊
『ヒースクリフは殺人犯か?―19世紀小説の34の謎』ジョン・サザーランド著、川口喬一訳／みすず書房刊

産業化以前の英国社会の通説を統計学で覆した画期的な本

The World We Have Lost

by Peter Laslett

『私たちが失った世界』

ピーター・ラスレット

明治の終わりか大正の初め頃の、ちょっと古い小説を読んでいると、登場人物に「書生」というのが出てくる。書生は、単なる学生を意味することもあるが、

「××氏の家を訪ねると、書生が玄関に現れ、私をにらみつけた」

などという場合の「書生」は、ただの学生でない。辞書によると、これは、「他人の家に寄宿して、家事を手伝いつつ勉強する者」(大辞林) のことである。だが、こうした書生は、必ずしも先生の家に寄宿するわけではない。娘と二人だけで暮らしている未亡人が、女所帯は心細いので書生を置いた、などという例が小説に出てくるし、実際にもよくあったという。

もちろん、今では、厳密な意味での書生は存在しない。したがって、書生の研究は歴史学者の仕事である。そして、仮に「書生史」という学問があるとしたら、真っ先にやらなければならないのは、書生の人口調査ではないだろうか。つまり、明治××年の

日本には書生が××人いた、という数字を確定することから始めるのである。

　16、7世紀の、産業化以前のイギリス社会を研究した歴史学者に、ピーター・ラスレットという人がいる。ラスレットさんこそ、数字を重視するこの研究法を世に広めた人で、ケンブリッジ大学の講師であった時代（1964年）に、「人口史・社会構造史に関するケンブリッジ・グループ」という研究集団を設立し、新しい歴史学の旗手になった。

　ラスレットさんの代表作が、今回紹介する『私たちが失った世界』（*The World We Have Lost*）である。これは歴史の本、細かくいえば社会史の専門書ということになるが、われわれ一般人が読んでもたいへんに面白い。

　16、7世紀のイギリスがどんな社会であったかについては、ラスレットさんのこの本が出る以前に、なんとなくイメージができあがっていた。社会はすでに階級化し、農民は飢えていて、世帯は二世代か三世代の大家族が多く、ロンドンでは私生児がたくさん生まれ……といったイメージである。

　ところが、この本は、いちいち数字を挙げて、そのすべてを覆した。当時は地主化した下級貴族を中心とする単一階級が動かしていた社会であり、農民はさほど飢えてなくて、世帯はすでに核家族化し、ロンドンでの私生児の出生数はきわめて少なかった、というのである。

　日本でも主流だったマルクス主義的理解によれば、核家族が登場するのは産業化以後でなければならなかったし、階級社会がすでに存在した証拠として、飢えた農民や私生児の数は多くなければならなかったのだが、ラスレットさんの本を信じるなら、そういう歴史理解はすべて間違いだったことになる。

　そんなわけで、発表当時（1965年）大論争を巻き起こしたが、

ピーター・ラスレットは牧師の息子として1915年に生まれた。1966年から83年までケンブリッジ大学の講師を務める。2001年11月8日永眠。「教授」の肩書きにこだわらず、生涯、一学者（academic）として生きた人である。主著 The World We Have Lost は、1965年に初版、71年に改訂版、83年に三訂版が出た。Routledge から出ているペーパーバックは、2000年に版を重ねたもの。『われら失いし世界』という題で翻訳（三嶺書房）が出ている。日本でもよく知られていて、著書もたくさん翻訳されているフランスの歴史人口学者、エマニュエル・トッドは、ラスレットさんの教え子である。

経過を見れば、ラスレットさんの説のほうが正しかったようである。

英国のご先祖たちは意外と品行方正？
一般人にも面白い専門書

　専門書なので、英語はやや取っつきにくいが、内容が面白いので、こつさえ覚えれば、あまり苦労せずに読み進むことができるだろう。たとえば、私生児を論じた章の冒頭は、次のように始まっている。

Prone as we are to be sentimental about our ancestors, we seem quite prepared to believe that they were often wicked people, at least on the standards which they set for themselves. When bastardy comes into the conversasion it is sometimes said that country people, and our forefathers in general, were more likely than we are to bring illegitimate children into the

world, and more tolerant of bastardy as a condition.

　ここでは、まず、wicked という言葉の解釈が難しい。辞書を引けば、

　「よこしまな、邪悪な、不正の、みだらな、悪意のある」

　と出ているが、ここでは、「おちゃめ、やんちゃ、エッチ」という程度の意味である。つまり、専門書だからといって、堅苦しく解釈しないほうがいい。そんなわけで、次のように訳すことができる。

　ご先祖さまがしばしばエッチであったこと、少なくとも当人たちが自分で設けた基準に照して、そうとしかいいようがなかったことは、先祖に対して心情的に味方をしがちなわれわれでも、簡単に信じてしまいそうなことである。しかも、私生児の話題になると、田舎に住んでいた人々、つまり、われわれの先祖全般が私生児として世に送り出していた子供の数は、われわれ現代人の比ではなく、私生児を巡る状況にもわれわれ以上に寛大であった、という説を唱える人も出てくる。

　ところが、資料を当たってみると、私生児の数は少なく、ご先祖さまは意外に品行方正であった、という結論になる。小説に出てくる貴族はよく私生児をこしらえるが、あれは小説の中だけの話で、小説と歴史とは別物だ、という教訓もしっかり書き込まれている。

　ラスレットさんは、BBC 放送のプロデューサーから学問の世界に入った人で、最初は思想史の研究をしていたが、個人の思想はその人が身を置いていた社会の仕組みや家族構成によって規定されることに気がつき、社会史の研究を始めた。その後、前歴を

生かして、放送大学の設立にも関わっている。

　The World We Have Lost の初版が出たとき、旧弊な学者は、ラスレットさんが統計を駆使していることを取り上げて、統計は経済史で使うもので、社会史で使うべきではない、と批判した。今ではそんなことをいう人はいないだろうが、ラスレットさんは、結局、母校ケンブリッジの教授にはなれなかった。

　しかし、ラスレットさんの本はいまだに版を重ね、古典として読み継がれている。初版が出てから40年のあいだに、歴史は変わって、かつてのマルクス主義的理解はすっかり勢いをなくしてしまった。

　文学方面の話題も多い。「シェイクスピアの『ロミオとジュリエット』のジュリエットは13歳で婚約をした。そのことから、昔の人は早く結婚したと思いがちだが、それは違う。なぜなら、当時の戸籍を集計すると、女性の結婚年齢は平均して二十数歳で、今とあまり変わりはないのだ」などと具体的に解き明かしてくれるのだ。

書籍情報

The World We Have Lost, Peter Laslett, Routledge刊
『われら失いし世界』ピーター・ラスレット著、川北稔, 山本正, 指昭博訳／三嶺書房刊

ホラー&ファンタジー作家
百人による
マイ・ベスト・ホラー書評

Horror: 100 Best Books
ed. by Stephen Jones & Kim Newman
『ホラー・ベスト100』
スティーヴン・ジョーンズ、キム・ニューマン編

雑誌などを開くと、「私のお薦めペーパーバック」とか「ミステリこの一冊！」といった特集をよく見かける。自分の薦めるペーパーバックや、好きなミステリについて、何人かの選者が短い文章を書く企画である。

　そういう企画にまぜてもらうとき、いつも悩むことがある。何を書くにしても、字数が少なすぎるのだ。

　よくあるのは、「250字で書いてください」というやつで、これでは、まあ、ほとんど何も書けない。

　その結果、

　「ニューヨークを舞台にした警察小説では他の追随を許さない巨匠××の最新傑作！　主人公の○○警部もいいが、脇役の女刑事△△もかっこいい！」

　といったバナナの叩き売りスタイルになるか、

　「ポストモダニズムを代表する××がマジックリアリズムの手法でファンタスティックに描いたスリップストリーム文学のソリ

ッドな収穫」

といった一人よがりになるかのどちらかで、いずれにしてもあまり面白いものは書けそうもない。

単行本形式の、いわゆるカタログ本でも同じで、こちらになると多少余裕があり、500字から600字のスペースを分けてもらえるが、せいいっぱい内容を圧縮したつもりでも、いいたいことの一割も伝えられないような結果になることが多い。

それにしても、250字とか、500字といった基準は、何に由来するのか？　聞いてみると、どうやらそれは、1ページあたりの原稿の収まり具合がよくなるという、レイアウトを重視した結果であるらしい。

今回紹介する『ホラー・ベスト100』(*Horror: 100 Best Books*)も、そうした「カタログ本」の一つである。ホラー／ファンタジー系の作家百人が、自分の好きな本を一冊ずつ挙げて、どこが面白いか、その推薦理由を書くという、まあ、よくあるタイプの本だが、日本で出ている類書よりも読み応えがあるのは、枚数制限を排して（つまりレイアウトなど無視して）、それぞれの執筆者に好きなだけのスペースを与えているからである。ただし、長大な原稿を書いている人はいなくて、だいたいどの原稿も3ページから5ページの分量で収まっている。

編者のまえがきによると、どの本を選ぶかは、それぞれの執筆者にまかせたという。したがって、当然入っているはずの本、たとえばゴシック小説の古典『オトラント城』が抜けていたりするが、あれは、歴史的価値は別にして、今読んでも決して面白い小説ではなく、そういうものは落ちても仕方ない、という編者の意図が感じられる。逆に、エリザベス朝演劇の傑作、クリストファー・マーロウの『フォースタス博士』はちゃんと載っている（その項目の執筆者はクライヴ・バーカー）。

　基本的にはこの本のために書き下ろされた原稿ばかりだが、例外的に、過去の作家が書いた文章もいくつか再録されている。ナサニエル・ホーソンの『ツワイス・トールド・ストーリーズ』にはエドガー・アラン・ポーの、レ・ファニュの『アンクル・サイラス』にはM・R・ジェイムズの、ロバート・W・チェインバーズの『キング・イン・イエロー』にはH・P・ラヴクラフトの文章がそれぞれ採られている、といった具合に、誰もが納得できる人選が行われているのだ。

> ## 『エクソシスト』は痛切な宗教小説だ──
> ## ホラー作家による深い考察も

　しかし、ちょっと専門的になってきたようなので、一つだけ、わかりやすい例を引用しておこう。このホラー百冊の中には、当然ながら、映画で有名になったウィリアム・ピーター・ブラッティの『エクソシスト』も取り上げられている。その項目を担当したのは、日本でも人気のあったホラー作家、F・ポール・ウィルスンで、これがなかなか面白い。冒頭に近い一節には、次のように書かれている。

Over the years it has become fashionable in certain circles to interpret *The Exorcist* as a paradigm of adolescence. (Right. Just as *The Shining* is an impassioned plea for tougher hotel security.) This meretricious view cheapens and trivializes a deeply felt religious novel, strips it completely of its numinous power, and has been kept in vogue by a small pharisaic cadre of writers and critics who dismiss as junk any novel wherein evil has an extrinsic source.

編者の一人スティーヴン・ジョーンズ（1953-）はホラー評
論家・アンソロジスト。キム・ニューマン（1959-）はホラ
ー作家で、映画・ホラー関係の評論も書いている。この本は、
実は十年前の1988年に最初の版が出ている。1998年に
Carroll&Graf社からペーパーバックで出た版は、参考文献
や推薦図書、執筆者紹介などが最新情報に書き改められた
改訂版である。その後、続編も出た。

　年月が経つうちに、ある種の人々のあいだでは『エクソシスト』
のことを思春期の少女の心理を扱った小説であると解釈する風潮
が出てきた。（そうか。じゃあ聞くがね、スティーヴン・キングの
『シャイニング』はホテルの警備を厳重にしましょうという小説か
い？）こうした俗悪な解釈は、この痛切な宗教小説を瑣末化し、
安っぽくして、神秘的な力を奪うものである。しかも、偽善的な
作家・評論家の一団は、そういう解釈をふりかざして、悪の存在
が外部に由来する小説すべてをクズと見なしてきた。

　ウィルスンは、『エクソシスト』を「痛切な宗教小説」と表現す
る。そして、「悪」は人間の内部にある、というプロテスタント
的な俗説を排し、外部に由来する悪、外からやってきて人間に取
り憑く悪を描いたからこそこの小説は思想的にすごいのだ、と続
ける。

　かつて新潮社や東京創元社から翻訳が出ていた『エクソシス
ト』は、ひょっとしたら今では手に入らないかもしれないが、あ
れを読んだ人は、悪魔に取り憑かれた少女レーガンが、床に転が

り、蛇のように身をくねらせる印象的なシーンを憶えていらっしゃるかもしれない。ウィルスンはその「蛇のように」という描写に着目して、象徴的な意味を見出し、あのシーンがなぜ身震いするほど恐いかを解き明かしてくれる。

　『エクソシスト』が宗教小説であるのは、ダミアン・カラスという神父の信仰の危機が描かれているからでもある。そう指摘されてみると、オカルト・ホラーだと思われていたこの小説にも、グレアム・グリーンや遠藤周作といったカトリック作家の作品との関連まで浮かび上がってくる。

　――と、まあ、こんな突っ込んだ議論がウィルスンにできたのも、たっぷりスペースが与えられていたからなのである。

書籍情報

Horror: 100 Best Books, ed. by Stephen Jones & Kim Newman, Running Press 刊

波乱万丈の生涯を送った
ローレンス・ダレルの
実像に迫る伝記本

Through the Dark Labyrinth

by Gordon Bowker

『暗い迷路を抜けて』

ゴードン・バウカー

　　郊外に住んで、会社や学校に通っている人の中には、通勤や通学の電車で本を読む人も多いと思う。そういうときには、どんな種類の本を読むか、というのが問題になる。

　まず、本の重さに気をつけなければならない。うまく席が空いていればいいが、吊り革につかまったままハードカバーの重い本を読むのは年齢とともに辛くなってくる。そこで、文庫本かペーパーバックを選ぶことになる。

　しかし、重さの問題よりも大切なのは、いうまでもなく内容の問題である。つまらない本は避けなければならないが、逆に面白すぎても困るのだ。電車の中で読んでいる本につい夢中になって、降りる駅を乗り過ごしてしまった、という経験がある人も、少なからずいらっしゃるのではないだろうか。つまり、車内読書用の本としては、そこそこに面白い本——降りる駅が近づいたら、思いを残すことなく、その場所にしおりをはさんで、きっぱりとページを閉じられるような本が適している。そういう便利な本があ

るかというと、これがあるのだ。伝記というジャンルの本が、そんな車内読書にぴったりなのである。

伝記の主人公は実在の人物である。伝記にはその人物が生まれてから死ぬまでの出来事が書かれているが、読者にとって、それはまったく知らない話ではなく、フローレンス・ナイチンゲールならクリミア戦争の看護婦とか、ネル・グインならチャールズ二世の愛人だった人とか、そこで取り上げられている人物に関して、予備的な知識をもちながら本のページを開く。しかも、たいがいの伝記は構成もゆるやかで、話の展開を失念したりすることもない。巻末には詳細な索引がついているので、「あれこの人誰だっけ？」と思ったときには、すぐ調べることができる。

日本と違って、英米では、伝記というジャンルが大人の読み物、いわゆるエンターテインメントとして確立されている。若い頃は小説も読んでいたが、人生経験を積むにつれてつくり事には飽きてきた、という人が、伝記を読み始めることも多い。かつての日本でいうと、司馬遼太郎の本を読むような読者が、伝記を読んでいたのである。司馬遼太郎の中期以降の作品は、英米流の意味できわめて伝記的であり、『坂の上の雲』などは秋山真之ら複数の人物の伝記を小説の手法で書いたもの、といえなくもない。

一般には、軍人（ネルソン提督など）や政治家（チャーチルなど）の伝記がよく読まれているが、「若い頃は小説を読んでいた」という読者には文学者の伝記も人気があるようである。

今回は作家ローレンス・ダレルの伝記、『暗い迷路を抜けて』（*Through the Dark Labyrinth*）を紹介してみよう。

ローレンス・ダレルは、ある年齢以上の人には、50年代後半に書かれた『アレクサンドリア四部作』の作家として有名だろう。別の章で取り上げている *Whatever Happened to Margo?* を書いたマーガレット・ダレルは、ローレンス・ダレルの妹である。

ゴードン・バウカー（1934-2019）はバーミンガム生まれのイギリス人。1953年、軍隊に入ってエジプトに駐屯していたときにローレンス・ダレルの作品に出会い、『アレクサンドリア四部作』に夢中になったという。1966年から1991年までロンドン大学で社会学や「伝記の書き方」を教えたあと、フルタイムの著作家になる。*Through the Dark Labyrinth*は、1996年にハードカバーが出て、1998年に改訂版のペーパーバックがPimlicoから出版された。ジェイムズ・ジョイスやジョージ・オーウェルの伝記も書いている。

　この人は、1912年インドに生まれ、チベットとの国境に近い町で少年時代を過ごし、のちにイギリスに渡って高等教育を受けるが、英国の風土に馴染めず、20歳前後でパリに渡り、ギリシャやエジプトに住んで、最後は1990年南仏プロヴァンス地方で生涯を終えた。その間、4度の結婚をして、小説のみならず、詩や、旅行記など、数十冊の作品を残した。伝記の素材にふさわしい波乱万丈の人生を送った人である。

> ## デカダンスの作家とされたダレルは
> ## 退廃した文明の再生を願っていた？

　この伝記の著者ゴードン・バウカー（Gordon Bowker）は、ダレルの少年時代にその生涯の秘密を解く鍵があると考えている。子供の頃、チベット仏教の儀式を見聞したダレルは、キリスト教のような一神教には生涯馴染めなかった。そのために、西洋文明を批判し続け、一般には、ひどく退廃的なデカダンスの作家だと見なされた。『アレクサンドリア四部作』はノーベル賞級の作品

だが、退廃作家のレッテルが災いして、受賞は見送られたという。

　晩年の傑作『アヴィニョン五部作』（河出書房から邦訳あり）の一つ、*Constance* がイギリスの有名な文学賞、ブッカー賞にノミネートされたときも、不健全な作品であるとして受賞を逸した（ちなみに、そのときの受賞作は健全な『シンドラーのリスト』）。

　デカダンス？　とんでもない。実は、ダレルは、退廃した文明の再生を願う健全な作家だったのだ、というのがバウカーさんの結論である。この大著の最後に、バウカーさんはこう書いている。

Durrell was a writer of dazzling virtuosity, a man of huge appetites, and a celebrant of life over death. To be able, as it appears he was, to move from one reality to another with such facility – even into madness and out of it at will – gave him a means of creating formidable fictions which would stir the mind as well as the senses. His power over language was daunting, and for a language and culture to survive in the new world of cyberspeak we need more like him – poets on the side of life – not fewer. The book on Lawrence Durrell can never be closed.

　ダレルはめくるめくばかりの名人芸を発揮する作家であり、貪欲きわまりない人物、死に抗して生を賛美する人であった。一つの現実から別の現実へと易々（やすやす）と移動する能力——ときには狂気の世界に入り、自由自在に抜け出すこともできた——のおかげで、彼は感覚だけでなく精神をも揺さぶる素晴らしい小説を書く手段を手に入れた。言葉を操る力は他の追随を許さず、現代のように電脳語がはびこる新世界で言語と文化が生き延びるためには、ダレルのような人物——生の側に立つ詩人——がもっと必要になる

だろう。ローレンス・ダレルに関する本は決して閉じられること
がないのである。

　ダレルには、真偽のはっきりしないセックス・スキャンダルが
あり、遺族は神経質になっている。バウカーさんがこの本を書く
ときにも、遺族の協力は得られなかった（そのため、ダレルの著
作からの引用も禁じられている）。この本と前後して、別の著者
による、遺族が検閲したローレンス・ダレル伝も出ているが、い
ずれ読み比べてみたいと思っている。

書籍情報

Through the Dark Labyrinth, Gordon Bowker, Pimlico刊

抜群に面白い！
軽妙な文体で書かれた
英語ウンチク本の名作

The Mother Tongue

by Bill Bryson

『母語』

ビル・ブライソン

今から半世紀ほど前に、あなたが英語の中で響きが一番美しいと思う単語を挙げてください、というアンケートがアメリカで行われた。そのとき、美しい言葉の第一位になったのが、

　lullaby（子守歌）

だったという。ちなみに、汚いと思う言葉の第一位は、

　phlegm（痰）

であったらしい。

　この話は、1982年に Penguin Books から出版された *The Literary Life & Other Curiosities*（Robert Hendrickson 編）という本に出ていた。題名のとおり、文学者や書物や英語に関する逸話を集めた400ページほどの大判ペーパーバックだが、今でも本棚から出してきて読むことがある。こういう蘊蓄本は、何か一冊もっていると、退屈しのぎにもなるし、雑学の種本にもなる。

　この本はもう本屋では見かけなくなったが、今でも手に入る英語関係の蘊蓄本で、抜群に面白いのは、ビル・ブライソン（Bill

Bryson）の *The Mother Tongue* だろう。翻訳もあるので（『英語の
すべて』研究社出版、1993年）、すでにご存じかもしれないが、
英語エッセイの名作として知られているものである。

　ブライソンさんは、『作家・編集者のためのペンギン版英語辞
典』（*The Penguin Dictionary for Writers and Editors*）という本も
出しているので、言語関係の専門家のように思われるかもしれな
いが、本職は旅行記のベストセラーももつエッセイスト兼ジャー
ナリストである。したがって、*The Mother Tongue* も、かたい学
術書ではなく、軽妙な文体で綴られたエッセイとして楽しむこと
ができる。

　たとえば、最初の部分には、こんなことが書いてある。

**More than 300 million people in the world speak English
and the rest, it sometimes seems, try to. It would be charitable
to say that the results are sometimes mixed.**

（中略）

**To be fair, English is full of booby traps for the unwary
foreigner. Any language where the unassuming word *fly*
signifies an annoying insect, a means of travel, and a critical
part of a gentleman's apparel is clearly asking to be mangled.**

　世界中で300万人以上の人が英語を話しているし、その他の
人々も、何やら英語らしきものをしゃべろうとしているように見
えることもある。好意的に見れば、その努力の結果には、いささ
か複雑なものがあるといえるだろう。

（中略）

　公平にいえば、無警戒な外国人にとって、英語は落とし穴に満
ちている。だいたい、fly という何の変哲もない言葉が、腹立たし

い昆虫（蠅）を意味したり、旅行の手段（飛行）を意味したり、紳士の衣類の重要な部分（ズボンのジッパー）を意味したりするのだから、何がなんだかわからなくなっても不思議はないのだ。

そのあと、英語の生い立ちから始まって、方言、綴り、辞書、アメリカ語、固有名詞、罵り言葉、言葉遊びといった話題が次々に語られる。

恋人の語源は「のろま」?
学術的にも評価の高い本にはネタが満載

ブライソンさんは、イギリスの雑誌社で仕事をしてきたアメリカ人で、英語と米語の違いが言葉に関心をもつきっかけになったようだ。たとえば、女性用のセーターのことを、イギリスではjumperという。アメリカでjumperといえば、いわゆる「ジャンパー（ブルゾン）」のことである。長距離のバスのことを、イギリスではcoachというが、アメリカでcoachといえば、自動車のセダンか馬車のことである。cornといえば、アメリカではもちろん「トウモロコシ」のことだが、イギリスでは主に「麦」を意味する。1951年にアイオワ州のデモインに生まれたブライソンさんは、22歳のときに初めてイギリスを訪れたが、最初は言葉がわからずに苦労したらしい。そういう経験から、「無警戒な外国人にとって、英語は落とし穴に満ちている」という引用部分の感想が生まれたのだろう。

学問的なことはよくわからないが、日本版の訳者、小川繁司先生（『新英和中辞典』や『ライトハウス和英辞典』の編集委員）によれば、この本は、『ブライソン英語学概論』という題名にしても通用するそうである。しかし、素人の読者は、もっぱら蘊蓄の

ビル・ブライソンは、20年にわたるイギリス暮らしを切り上げて、現在はアメリカに戻っている。戻る前に、イギリス一周の旅行に出て、その旅の模様を *Notes from a Small Island* という旅行記に書いたが、この本は英米でベストセラーになった（日本語版もあり）。*The Mother Tongue* は1990年に出版された本で、1991年に Penguin Books のペーパーバックになった。

ネタとして利用するだろうし、そうしても著者には失礼に当たらないと思う。

　というわけで、この本から得られたいくつかの雑学を披露しよう。

　○「恋人」を意味する sweetheart という単語は、sweet + heart ではなく、本来は sweetard（のろま）という言葉だった。

　○ angry、hungry のように、語尾が「-gry」で終わる単語がある。そのほかにどんな単語が「-gry」で終わるかというと、実は、一般の英語では、angry、hungry の二つだけである。

　○エンドウ豆を意味する pea は、本来は、pease（単数）と呼ばれていた。ところが、この pease が複数形であると誤解され、se を取った pea という単語が生まれた。こういう単語のできかたを「逆生」という。

　○英語周辺の言葉で、綴りと発音の関係が最も難しいのは、イングランドのお隣、ウェールズの言葉である。たとえば、ウェールズに、Llwchmynydd という地名があるが、これはどう発音するか？　正解は、「シャフマニズ」である。

○「竹藪焼けた」のように、最初から読んでも最後から読んでも同じになる文を「回文」という。英語の回文で、最も有名なものは、パナマ運河を題材にした次のものである。A man, a plan, a canal, Panama!（「人、計画、運河、パナマ！」）

——こうして挙げてゆくときりがないくらい面白いエピソードが満載されているのです。

書籍情報

The Mother Tongue, Bill Bryson, Penguin 刊
『英語のすべて』ビル・ブライソン著、小川繁司訳／研究社出版刊

英国の代表的作家が
「違和感のある英語」に
楽しく意地悪にダメ出し

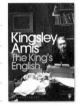

The King's English

by Kingsley Amis

『キングズ・イングリッシュ』

キングズリー・エイミス

最近、テレビを見ていて気になるのは、ニュースを読む人が使う「事件が起きた」という言い回しである。

「事件が起きたのは昨夜の十時頃で……」といわれても何も感じない人のほうが多いと思うが、事件は「起きる」のではなく「起こる」のだと教わってきた者は、頭の中で「事件が起こったのは昨夜の十時頃で……」と翻訳しながら聞いている。

「起きる」は横になっていたものが縦になること、「起こる」は何もなかったところに新たな事態が発生すること。そう思っているので、「事件が起きる」といわれると、それまで寝ていた事件が、がばっと起き上がっているところを想像するのだ。まあ、「事件」がごろんと寝ているところなど誰にも想像できないわけだが。

日常生活で出会うそんな日本語への違和感をユーモラスなエッセイにして、よく読まれた本に、江國滋（江國香織のお父さん）の『日本語八ツ当り』がある。古い本だが、新潮文庫にも入った

ので、古書店や図書館に置いてあるのではないかと思う。

キングズリー・エイミス（Kingsley Amis）の『キングズ・イングリッシュ』（*The King's English*）は、小説家であり、エッセイの名手でもある著者による『英語八ツ当り』とでもいうべき本である。もっとも、八ツ当りばかりしているわけではなく、ユーモアや皮肉や蘊蓄を駆使して、時代は変わったなあ、と嘆いてみせる場面も多いし、上手な英文を書くこつを語っている章もある。

それぞれの文章は半ページから2ページ程度の短いもので、その短章を、取り上げた単語の ABC 順に並べてある。

たとえば、Gender（ジェンダー）という項目では、この言葉の最近の用法についての違和感が表明されている。ご承知のように、これは日本でも各方面で使われていて、「ジェンダー論」を研究する大学の先生がいるのは普通のことだし、「ジェンダーについてお悩みの女性、レズビアンで男性化した方などは、トランスジェンダー外来にお越しください」と勧める病院もある。

しかし、エイミスさんの世代にとって、ジェンダーという言葉はまず文法用語であり（フランス語の名詞、gaz［気体、ガス］のジェンダーは「男性」である、という具合に使う）、それに対して、a difference of sex の意味で gender を使う新しい用法には、「何かを隠蔽し、隠蔽することによってかえってある種のいかがわしさが露呈した」ような不快感を覚えるのだそうだ。

> ## muchとveryの使い分け方も解説。
> ## だが、重視するのは文脈に合った言葉選び

強調語の much と very について書かれた項などは、英語の勉強をしている人にはとても参考になるだろう。

much と very の使い分けには、いちおうのルールがある。純正

キングズリー・エイミスは20世紀後半の英国を代表する小説家で、詩人、エッセイストとしても知られている。1922年生まれで、1995年没。*The King's English*はエイミス最後の著作で、没後の1997年にHarperCollinsから出版された。98年にはペーパーバックになっている。邦訳には、エッセイ『酒について』や長篇『ラッキー・ジム』『去勢』(これはSF)『グリーン・マン』(これは怪談)『ジェイク先生の性的冒険』などがある。

の形容詞、たとえば attractive を強調するときには、very を使う。つまり、

She is very attractive.

は正しいが、

She is much attractive.

は不自然である。分詞のかたちをした言葉、たとえば、encouraged(勇気づけられる)の場合は、

The old lady was much encouraged.

というふうに、very ではなく、much で強調する。

The old lady was very encouraged.

と書くと、多くの人は違和感を覚える。

ある日、エイミスさんは、雑誌のスリラー小説を読んでいて、

Suddenly he was very afraid.(突如、彼はとても怖くなった)

という一文に出くわし、違和感を覚えた。

... that *very afraid* bothered me. Something was wrong, but what? Following a rule I had learnt even longer ago, I

mentally substituted *much* for *very* and found I had replaced one discomfort with another. However 'correct' *he was much afraid* might be, it seemed stiff and starchy, all wrong in a thrillerish context, and sticking *very* back in front of *much* only made matters worse. I soon saw that it was *afraid* that was wrong and that nobody could object to *he was very frightened*.

……気になったのは、その〈very afraid〉の部分だった。何かおかしい。しかし、何がおかしいのか？　はるか昔に学んだルールに従って、頭の中で〈very〉を〈much〉に換えてみたが、結局は一つの違和感を別の違和感で置き換えたに過ぎなかった。〈he was much afraid〉という表現がいかに「正しい」ものであっても、堅苦しく、よそよそしい感じで、スリラー小説にはまるでふさわしくない。〈much〉の前に〈very〉をつけても（つまり、very much afraid としても）よけいに悪くなるだけだった。すぐに気がついたが、よくないのは〈afraid〉だったのである。〈he was very frightened〉にすれば誰も文句をつけることはできないだろう。

もちろん、ルールに従えば、frightened を強調するには、much を使わなければならない。だから、エイミスさん推奨の he was very frightened はおかしいことになる。afraid の場合は、本来、afray という動詞の過去分詞なので、ルールに従えば、最初に訂正した he was much afraid で間違っていない。エイミスさんは、必ずしも文法にこだわる必要はなく、コンテクスト（この場合はスリラー小説）を考えて言葉を選ぼう、といっているのだ。

とはいえ、露骨な間違いはしないに越したことはない。最近、読んだ翻訳小説に、

「優れたコミック・ノベルというのは、すべからく生と死の問題を扱っているものだ」

　という一節が出てきたが、ご承知のように、この「すべからく」の用法は間違っている。「すべからく」は「するべきである」の意味で、

　「すべからく身を慎み徳を修めて、天命にまかせ給ふべし」

　というふうに、「すべからく～べし」のかたちで使う。この訳文のように、「すべて」の意味で使うのは文法に反しているのである。と、私もちょっと「八ツ当り」をしてしまった。

書籍情報

The King's English, Kingsley Amis, Penguin Classics刊

ウィットに富んだ文章で英語の用法にまつわる問題を楽しく解説

Who Cares About English Usage?

by David Crystal

『誰が英語の用法を気にするか』

デイヴィッド・クリスタル

戦後何度目かの英語学習ブームだそうで、書店に行くと、英語関係の本がたくさん並んでいる。各社が参入してきた新書本の分野でも、よく売れるのは英語をテーマにしたものだそうである。40歳を過ぎてからでも英語はマスターできる、とか、英字新聞の読み方教えます、とか、サラリーマンの出世は英語次第、とか、まあ、そういった本だ。

　最近のその種の本はあまり読んでいないが、まじめに英語を勉強していた頃には、『C調英語教室』とか『味のある英会話』といったテディ片岡の本を愛読していた。特に、私の大学時代に出た『ヘルプ・ミー！　英語をどうしよう』（本が手もとにないので、この書名はうろ覚え）は、相当な名著で、今でも充分に通用するのではないかと思う（ご存じのかたも多いだろうが、「テディ片岡」は小説家・片岡義男さんの昔の名前である）。

　しかし、英語を勉強したがっているのは日本人だけではない。イタリアやスペインにも英語をマスターしたいと思っている人は

いるだろうし、何よりも当のイギリス人やアメリカ人だって英語には並々ならぬ関心を抱いているはずだ、と気がついて、英米の人が読む英語関係の本、それも学術的な難しい本ではなく、日本の新書版に相当するような一般向けの本はないか、と思っていたら、デイヴィッド・クリスタル（David Crystal）さんの『誰が英語の用法を気にするか』（*Who Cares About English Usage?*）という本を思い出した。この本は40年近く前に出た「古典」だが、その改訂版が今でも古書で手に入る。

　本文は123ページで、日本の新書と同じくらいの分量だが、ある種のお手軽な新書本と違い、中身は充実している。どういう内容かを説明するには、背表紙に書かれた内容紹介文を引用するのが一番早いだろう。

Many people care deeply about English usage, and many more are concerned about making mistakes. In this classic guide, David Crystal surveys the key controversies with wit, common sense, some entertaining quizzes and linguist's sharp insight into the ways we actually speak and write. He explores the dispute about the word 'dispute' – is it pronounced 'DIS-pute' or 'dis-PUTE'? – the fate of the letter T in 'often', and the best way of referring to the, er, bathroom.

　多くの人が英語の用法に深い関心を抱いている。もっと多くの人が英語を間違って使うことを恐れている。この古典で、デイヴィッド・クリスタルは、ウィットと常識を武器に、ときには楽しいクイズもまじえ、われわれが実際にしゃべったり書いたりしている言葉に対する言語学者の鋭い洞察を示しながら、以前から論争の的になってきた問題を取り上げる。〈dispute（論争）〉という

単語に関する論争——発音の際、アクセントを前に置くか、うしろに置くか——や、〈often〉という単語の中のＴの運命、そして、その、便所をですね、表現する最良の方法などを、著者は考察する。

> ## 19世紀の文法学者が下品と決めつけた
> ## 「分離不定詞」を擁護

　ちなみにいえば、本書の副題は、*An entertaining guide to the common problems of English usage* だが、entertaining という看板に偽りはない。

　英語の用法で、以前から論争の的になっているものに、「分離不定詞（split infinitive）」の問題があり、本書でも８ページにわたって取り上げられている。そのさばき方（裁き、捌き、どちらの漢字でもあてはまりそうだ）に著者の考えがよく表れているように思われるので、ちょっと詳しく紹介しよう。すでにご存じのはずだが、まず実例を挙げれば、「I want you to consider your position.（ご自分の立場を考えていただきたい）」という一文の、〈to consider〉が不定詞の例である。

　これに seriously（真剣に）という副詞を入れて、「ご自分の立場を真剣に考えていただきたい」といいたいとき、「I want you to seriously consider your position.」とした場合、〈to seriously consider〉が「分離不定詞」と呼ばれる。ごらんのように、あいだに seriously が入ったことによって、不定詞を構成していた〈to〉と〈consider〉とが分離している。

　問題は、この「分離不定詞」が、下品な英語、堕落した英語と考えられていることである。テレビのアナウンサーがこれを使うと、抗議の電話や投書が殺到するという（seriously の位置を変え

著者のデイヴィッド・クリスタルは1941年生まれのイギ
リスの言語学者。ただし、象牙の塔に閉じこもるより、一般
向けの本を書いたり、ラジオに出て言語学を易しく語った
りすることのほうを好むタイプであるらしい。ペンギン言
語辞典、ケンブリッジ英語百科などの事典編纂にも携わっ
ている。*Who Cares About English Usage?* は1984年に初
版が出て、2000年に第二版が出た。著者の代表作の一つだ
ろう。版元はPenguin Books。日本では三省堂から『気にし
なさんな、英語の用法』という題で翻訳が出ている。

て、I want you seriously to consider your position. とすれば抗議は
こない)。

　多くの文章読本や教科書の著者が「分離不定詞悪者論」を唱え
てきた中で、言語学者のクリスタルさんは、「分離不定詞擁護論」
を展開する。その説を簡単に述べれば、以下のようになる。分離
不定詞が悪者になったのは、学校でみんながそう教わったからだ。
しかし、よく調べてみると、文法書に「分離不定詞」が登場して
攻撃されるようになったのは19世紀のことで、18世紀には特に
問題視されていなかった。つまり、分離不定詞は下品だ、といい
出したのは、19世紀の文法学者なのである。その根拠は、「ラテ
ン語には分離不定詞はない」というもの。ラテン語は世界で一番
美しい言語だから、そのラテン語の規範から外れる語法は美しく
ない、というわけである。

　希代の悪人だと思われていた人が、本当はさほど悪いことをし
たわけではない、と判明したようなもので、それならば、と、ク
リスタルさんは、分離不定詞とそうでない表現とを柔軟に使い分
けることを提言する。分離不定詞を使うことによって文章のリズ

ムがよくなるなら使ったほうがいいし、テレビなど不特定多数の
人が見るメディアでは使わないほうがいい、といった具合に（前
者の例を挙げれば、「十全に評価するために」という意味の in
order fully to appreciate は、分離不定詞を使って in order to fully
appreciate としたほうが語呂がいい）。

　著者のユーモアやウィットを紹介する余裕がなくなったが、こ
の分離不定詞を扱った章は、「To boldly split, or not to split?」（大
胆に分離すべきか、せざるべきか）と題されており、この題自体
に分離不定詞が入っているし、その章の書き出しも、「split とい
っても、核分裂や人格分裂の話ではありません」となっていて、
あの手この手で読者を面白がらせようとしている。

書籍情報

Who Cares About English Usage?, David Crystal, Penguin Books 刊
『気にしなさんな、英語の用法』デイヴィッド・クリスタル著、御園和夫, 細矢和夫
訳／三省堂選書刊

反骨精神旺盛な
マーティン・エイミスの
悪口芸が楽しいエッセイ

The War Against Cliché

by Martin Amis

『常套句との戦い』

マーティン・エイミス

イギリスの作家で、エッセイを書くのが上手な人にマーティン・エイミス（Martin Amis）がいる。主に本の話や作家の話を書き、音楽やスポーツや時事問題についてのエッセイもある。外国人作家のエッセイ集は小説と違って日本ではあまり翻訳されないが、マーティン・エイミスの場合はすでに2冊訳されている。『モロニック・インフェルノ』（筑摩書房）と『ナボコフ夫人を訪ねて』（河出書房新社）である（ただし、どちらも品切れか絶版で、入手しづらい）。

　今月は、そのマーティン・エイミスのもう一冊のエッセイ集、*The War Against Cliché* を紹介したい。題名は『常套句との戦い』といった感じか。この本には、1971年から2000年までの約30年のあいだに書かれ、新聞や雑誌に発表された評論・書評の中から、50編ほどが集められている。

　こう書くと、なんだか地味で真面目そうな本に見えて、多くの人は食指が動かないかもしれない（ちなみに「食指が動く」とい

う常套句を「触手が動く」と書く人がおり、私は思わず突っ込んでいた。おまえはアミーバか！）。日本では、当たり障りのない内輪の挨拶みたいな書評も見受けられるし、時事エッセイや評論にしても面白いものは少ないという印象があるのではないだろうか。

　ところが、マーティン・エイミスは、かつてイギリス文学界の悪ガキといわれ（別名・英文壇のミック・ジャガー）、歯に衣着せぬ物言いで（ちなみに「歯に衣着せぬ」という常套句は「言葉に遠慮がないこと」で、野球のピッチャーについて解説者が「歯に衣着せぬ見事な投球でしたね」というのは間違いである）数々の敵をつくってきた人物であり、その反骨精神は彼の書くものにも表れていて、そうした辛口の（これも常套句）書評やエッセイがこの本にはたくさん収められている。つまり、読者は、この個性的な筆者の達者な悪口芸やエレガントな嫌味を楽しむことができるわけだ。

　題名にある「常套句」とは、もちろん、世の中にはびこる常識に凝り固まった思考のことだが、マーティン・エイミスが書評を書くときには、文字どおり、常套句だらけの下手な文章を指摘することも忘れない。たとえば、日本でもベストセラーになったトマス・ハリスの『ハンニバル』（『羊たちの沈黙』の続編）の書評で、エイミスはこんなことを書いている。

ベストセラー『ハンニバル』の
文体の残念さをエレガントに指摘

'Beautifully written ... the webs of imagery that Harris has so carefully woven ... contains writing of which our best writers would be proud ... there is not a single ugly or dead

このThe War Against Clichéは、批評部門で全米書評家サ
ークル賞を受賞している。表紙の顔はマーティン・エイミ
スその人である。エイミスの小説では『二十歳への時間割』
『時の矢』『サクセス』などが訳されている。『時の矢』は一文
ごとに作中の時間が過去に戻る不思議な小説。お薦めです。
本書は2001年にハードカバーが出て、2002年にVintage
からペーパーバックが出た。

sentence ...' – or so sang the critics. *Hannibal* is a genre novel, and all genre novels contain dead sentences – unless you feel the throb of life in such periods as 'Tommaso put the lid back on the cooler' or 'Eric Pickford answered' or 'Pazzi worked like a man possessed' or 'Margot laughed in spite of herself' or 'Bob Sneed broke the silence'. What these commentators and literary editors must be thinking of, I suppose, are the bits when Harris goes all blubbery and portentous (every other phrase a spare tyre), or when, with a fugitive poeticism, he swoons us into a dying fall: 'Starling looked for a moment through the wall, past the wall, out to forever and composed herself ...' 'It seemed forever ago ...' 'He looked deep, deep into her eyes ...' 'His dark eyes held her whole ...' Needless to say, Harris has become a serial murderer of English sentences, and *Hannibal* is a necropolis of prose.

〈美しく書かれている……ハリスが注意深く編み上げた想像の網

……現代最高の作家が誇らしく思うような文章……醜い文や死んだ文は一つもない……〉などと批評家はこの本を絶賛している。だが、『ハンニバル』は大衆小説であり、すべての大衆小説には死んだ文が含まれる。もっとも、次に挙げるような文に生命の脈動を感じるというなら話は別だが、まあ、そんなことはないだろう──〈トマソはクーラーの蓋を閉めた〉〈エリック・ピックフォードは答えた〉〈パッツィは憑かれたように働いた〉〈マーゴは意に反して笑った〉〈ボブ・スニードは沈黙を破った〉。この文体を絶賛する書評家や編集者は、おそらく、ハリスが大いに気取ってみせる部分（一フレーズおきに余計な言葉が入っている）や、その場しのぎの詩的表現でわれわれを悩殺する箇所を思い浮かべているのではないだろうか。〈スターリングは一瞬、壁の向こう、壁の彼方、その先の永遠に探索の目を向けて自分を取り戻した……〉〈それは永劫の昔……〉〈彼は深く、深く、彼女の目を見つめた……〉〈彼の黒い瞳は彼女の全体を捉えた……〉いうまでもなく、ハリスは英語の連続殺人者になってしまったのである。そして、『ハンニバル』は散文の共同墓地である。

　勘違いしないでいただきたいが、この書評は、純文学作家が大衆作家を見下して書いているのではない。『羊たちの沈黙』や『レッド・ドラゴン』など過去のトマス・ハリス作品を愛読してきた筆者が、『ハンニバル』での文体的なトホホぶりを的確に指摘しているだけなのである。

　ほかには、時事エッセイがあり（いわゆるジェンダーがらみの論が多い）、チェスやサッカー、ポーカーについての文章もあって、編集も行き届いている。それもそのはず、実は本書は、ジェイムズ・ディードリックという、マーティン・エイミスを研究する大学教授が編纂したもので、1970年あたりの古い文章も入っ

ているのは、その教授が掲載誌を集めていたからである。ちなみに、エイミスは1949年生まれなので、1970年といえば二十一、二の若者だったことになる。

　この同じ章で、キングズリー・エイミスの *The King's English* という本を紹介しているが、マーティン・エイミスがキングズリーの息子であることをご存じのかたも多いだろう。本書はその父と母に捧げられている。

書籍情報

The War Against Cliché, Martin Amis, Vintage 刊

文化、社会制度など
多面的な視点から
「翻訳」を考察する

The Scandals of Translation

by Lawrence Venuti

『翻訳のスキャンダル』

ローレンス・ヴェヌティ

　翻訳をテーマにした書物は、日本でもたくさん出ている。一番多いのは、翻訳の作法や実践法を語るハウツーもので、英語関係の出版社からよく出ている。それ以外には、翻訳に関するエッセイがあり、昔の翻訳者はグレープフルーツなど食べたことがなかったので「ザボン」と訳した、などというエピソードが書かれていたりする。中には、翻訳とは何か、というテーマに挑んだ本格的な「翻訳論」もあるが、フランス現代哲学の用語（エクリチュールとか）を使って書かれていたりするので、読み通すのはなかなか大変である。

　それでも翻訳論は商売柄、興味のある分野なので、読みやすくてためになりそうなものはないかと探していたら、ローレンス・ヴェヌティ（Lawrence Venuti）という人の *The Scandals of Translation* がアンテナに引っかかってきた。題名を訳せば『翻訳のスキャンダル』。何やら不穏なタイトルではないか。興味津々で、さっそく読んでみた。

気軽なエッセイではないので、難しい用語も使われている。制度とか、実存とか、脱中心化とか、われわれ翻訳者が日常的に翻訳を語る際には絶対に出てこないような言葉も登場する。「同一性の倫理（an ethics of sameness）」「差異性の倫理（an ethics of difference）」というキーワードもある。ごく簡単にいえば、good morning は朝の挨拶である、と考え、同一の意味をもつ日本語「おはよう」に置き換える立場を「同一性の倫理」と呼び、言葉や文化の差異をはっきりさせるために「いい朝だ」と置き換える立場を「差異性の倫理」と呼ぶらしい。われわれが「意訳」「直訳」というものに近い。

　ちゃんと読みこなせたかどうか自信はないが、文化間の力関係や社会制度の面から翻訳を捉えた The Formation of Cultural Identities（文化アイデンティティーの形成）という章が面白かったので、ちょっとご紹介しよう。この章は、アメリカで翻訳出版された日本の小説を例にとって話を進めている。

　英語に翻訳された日本の現代文学で、かつて一番有名だったのは、川端康成の『雪国』である。相前後して、谷崎潤一郎や三島由紀夫の作品も翻訳された。ただし、その翻訳者は、ほぼ全員が、太平洋戦争を契機に日本語を習得した大学の先生であった。その先生がたには戦前の日本文化に対するノスタルジーがあり、そうしたインテリ層の好みに合わないもの、アメリカナイズされた日本を描いた作品や、花鳥風月とは縁がなさそうな滑稽な日本人が登場するユーモア小説などは、アメリカにおける「日本小説翻訳体制」の中心になることはなかったし、たとえ訳されても周辺部に追いやられていた。

　日本がアメリカの従順なパートナーであった時代を通して、その体制は守られてきた（翻訳というのはただ本を訳すだけの問題ではなく、作品の選定の段階で制度的な力が働く、とヴェヌティ

さんはいっている)。

吉本ばななの『キッチン』は どう英訳されたのか?

　ところが、1990年代に入って、日米関係は新しい段階に入った。ある年代以上の人はアメリカの国会議員が東芝のラジカセを叩き壊すニュース映像を憶えていると思うが、日本はアメリカの従順なパートナーではなく、経済的な敵国になったのである。その頃から、「日本小説翻訳体制」にもひびが入って、これまで訳されなかった小説が新しい翻訳者によって紹介されるようになった。たとえば、1991年にはアルフレッド・バーンバウム翻訳編集による日本の現代作家短篇集『猿脳寿司』(*Monkey Brain Sushi*)が出て、山田詠美や小林恭二や高橋源一郎や島田雅彦や村上春樹など、11人の作家が紹介された。

　そういう事情を踏まえた上で、最後に、吉本ばななの『キッチン』の英訳の話になるが、実はそこが一番面白い。

　『キッチン』は、偉い先生のお墨付きがあって訳されたわけではなく、まずイタリア語版が出て、えらく売れているようだから、英語版も出そう、という軽いノリで翻訳が始まったらしい。これも旧体制の崩壊を意味する出来事で、ヴェヌティさんはそのことを評価し、『キッチン』を批判する学者に反論している。『キッチン』を批判する学者とは、マサオ・ミヨシ教授(東大出身でアメリカに渡り、彼の地で研究生活を送っている学者、日本語の著書も「マサオ・ミヨシ」というカタカナ名義で出している)のことだが、ミヨシ教授は、日本にはもっと優れた女性作家がいる、という意味の文章を書いて、吉本ばななの作品の幼さを示すために、『キッチン』の一節を英訳した。

ローレンス・ヴェヌティ（1953-）はテンプル大学人文学部
教授で、翻訳研究の第一人者として日本でも講演を行って
いる人。イタリア語の翻訳家でもあり、そちらのほうでは
けっこう軟らかい本（シチリアの女子学生の性遍歴を赤
裸々に綴った自伝的小説など）も訳している。*The
Scandals of Translation*は1998年にRoutledgeから出た本
で、今回取り上げたのは2003年版。学術書だからか、
$42.95もした。

**I placed the bedding in a quiet well-lit kitchen, drawing
silently soft sleepiness that comes with satuated sadness not
relieved by tears. I fell asleep wrapped in a blanket like Linus.**

この部分は、既成の英訳では、次のように訳されている。

**Steeped in a sadness so great I could barely cry, shuffling
softly in gentle drowsiness, I pulled my futon into the deathly
silent, gleaming kitchen. Wrapped in a blanket, like Linus, I
slept.**

ヴェヌティさんは、吉本ばななは英訳する価値がないといった
ミヨシ教授に対し、作品の文学的評価は保留した上で、今、本に
なっているこの英訳なら充分に読む価値があるではないか、と反
論している。
　ちなみに、吉本ばななの原文は、

　「涙があんまり出ない飽和した悲しみにともなう、やわらかな眠けをそっとひきずっていって、しんと光る台所にふとんをひいた。ライナスのように毛布にくるまって眠る」

　というものである。私から見ると、ミヨシ教授の英訳は、ため息が出るほど見事なもので、「同一性の倫理」にかなっていると思うが、実はヴェヌティさんは、「差異性の倫理」を大事にしよう、という考え方の人で、「ふとん」をそのまま futon と訳したりするのを評価している。ただし、「飽和した悲しみ」のくだりは、もともと直訳調の日本語なので、ミヨシ教授訳の satuated sadness のほうが「差異性の倫理」を大事にしているように見えるのが皮肉である。その部分を Steeped in a sadness so great I could barely cry（声を出して泣くこともできないほど大きな悲しみにひたされて）と訳すのは、まるで大時代なロマンス小説の一節のようでもあるが、ヴェヌティさんはそういったぎくしゃくした部分を逆に高く評価している。そのことによって、英語の「外国語化（foreignize）」が成し遂げられているというのだ。こういう「ちょっと変な英語」で既成の言語体制を揺さぶるのが、「翻訳のスキャンダル」なのだそうである。

書籍情報

The Scandals of Translation, Lawrence Venuti, Routledge 刊

4章

マニアックな世界

世界破滅映画や古地図泥棒などの
ディープな世界に浸る

「世界消滅映画」を
なぜ人は楽しむのか？

Millennium Movies

by Kim Newman

『ミレニアム・ムービーズ』

キム・ニューマン

子供の頃、『世界大戦争』という映画を見た。調べてみると、1961年の映画だから、その頃、私は小学校の低学年だったはずである。

　家が田舎の映画館を経営していた関係で、物心ついた頃から映画を見ていたが、お気に入りは東宝の怪獣映画で、夏休みになると繰り返し上映される人気プログラムの『ゴジラ』や『ラドン』は何度も見た。

　『世界大戦争』も、東宝の映画だから、というので、見に行ったのだと思う。自分の母親が切符を売り、人手が足りないときには父親が映写機を回したりするような映画館なので、いわば自宅の延長だったが、最初から最後まで客席（椅子ではなく畳敷きだった）にすわって映画を見るのは珍しいことだった。

　ところが、ジェット機が空中衝突する派手な場面はあったものの、怪獣は一匹も出てこなかったのである。そのかわり、登場人物が暗い顔をして、議論ばかりしていた。そして、最後には、水

爆がどかんと爆発して、みんな死んでしまった。

　その夜、私は悪い夢を見た。よくわからないながらも、人間は
みんな死ぬのだ、と思った。

　今では歴史的遠近法の中で眺めることができるが、50年代、
60年代には、冷戦を背景にして、核戦争を描くシリアスな映画
がたくさんつくられた。私が怪獣映画だと思った『世界大戦争』
も、その一本だったのである。

　『世界大戦争』のすぐあと、やはり第三次世界大戦を扱ったア
メリカ映画を見た。こちらのほうは、核戦争後に生き残った人々
が略奪と暴行を繰り返すバイオレンス映画で、子供には刺激が強
すぎたらしく、その夜も、また悪い夢を見た。

　イギリスの映画評論家・作家のキム・ニューマン（Kim
Newman）は、こういった映画を End of the World Cinema（世界
破滅映画）と名づけている。そして、『ミレニアム・ムービーズ／
世界破滅映画』（*Millennium Movies: End of the World Cinema*）と
いう研究書を書いた。

　この本には世界の破滅をテーマにした映画が網羅されており、
かすかに記憶にあった前述のアメリカ映画も、この本で題名を確
認することができた。レイ・ミランドの *Panic in Year Zero*（1962
年）である（SF作家ウォード・ムーアの連作短篇「ロト」「ロト
の娘」が原作）。

　面白いことに、私と同じで、著者のニューマンさんも、60年
代に小学生時代を送っている。つまり、国は違うが、幼い頃から
TVや映画で世界の破滅を何度も目撃し、悪夢を見てきた世代な
のである。中年になって、20世紀の映画史を振り返る本を書こ
うとしたとき、世界破滅映画をテーマに選んだのも当然のことだ
ろう。

　もちろん、世界が破滅する要因は核戦争だけではない。宇宙人

の来襲によって人類が存続の危機に立たされることもある。そちらのほうもこの本には取り上げられていて、ジョージ・パル制作の『宇宙戦争』（1953年）から、『インデペンデンス・デイ』まで、侵略物を研究した章もある。

　オタクが世界的な現象になっている風潮を考えれば当然のことだが、日本の怪獣映画も研究の対象になっていて、東宝の『ゴジラ』とハリウッド版の『ゴジラ』（ローランド・エメリッヒ版）を比較し、後者がいかにつまらないかを指摘したり、金子修介のガメラ映画を絶賛（「日本の怪獣映画の最高峰である」）したりしている。ニューマンさん自身、かなりのオタクであると思われる。

世界破滅映画には宗教と同じ役割が？
冷戦下に育ったオタク世代が考察

　冷戦時代における核戦争の脅威とか、怪獣映画のオタク的考察とか、いろいろな話題が取り上げられているものの、

　「人間は世界が滅びることを娯楽映画にして楽しんでいる。それはなぜだろう？」

　というのが本書のテーマである。たとえば、ニューマンさんはこう書いている。

The more complicated a civilisation becomes, the more fun it is to imagine the whole works going up in flames. Every culture has a Creation myth and a vision of Apocalypse. Before the cultivation of fiction as an art form, images of mass devastation usually had to be dressed up as religion.

　文明が複雑になってくると、そのややこしい仕組みがすべて灰

乱読者のノートから

キム・ニューマンは1959年生まれの映画評論家兼ホラー作家。最初の著書は、1985年に出版されたホラー映画論 *Nightmare Movies*。最初の小説は1989年に出た SF、*The Night Mayor*。以後、ジャンルを超えて（ペンネームを使ったB級ホラー・アクションの連作もある）旺盛な著作活動を続けている。3章に登場した *Horror: 100 Best Books* の編者でもある。小説では、ドラキュラに支配された英国を描く代表作『ドラキュラ紀元』シリーズの邦訳がある（東京創元社）。本書 *Millennium Movies* は、1999年、Titan Booksのペーパーバックで出版された。

燼
じん
に帰すところを想像する楽しみも大きくなってくる。どの文化にも創造神話があると同時に終末論がある。虚構が洗練されて芸術の一形式になる前には、大災厄のイメージは宗教の衣をまとわざるを得なかった。

　世界破滅映画は、洗練された虚構を駆使して、かつての宗教と同じ役割を果たしているのではないか、というのである。

　これもニューマンさんの指摘だが、爆発シーンというのは最近のアクション映画にも頻繁に登場する。ところが、『ランボー』にしろ『ダイ・ハード』にしろ『リーサル・ウェポン』にしろ、80年代、90年代のアクション映画の爆発シーンは、どんなに派手であっても、突き詰めれば物語を進める小道具でしかない。それに対して、50年代、60年代の世界破滅映画で描かれた爆発は、たとえ特撮はちゃちであっても、「世界を焼き尽くす炎」の立派な暗喩になっていた、という。このあたりは映画評論の醍醐味である。

　最初に触れた『世界大戦争』も、この『ミレニアム・ムービー

ズ』でちゃんと紹介されている。それによると、第三次世界大戦で人類が滅びる様を描いた『渚にて』が1959年に大ヒットしたのを受けて、欧米や日本で何本か制作された「第一期核戦争映画」の一本が『世界大戦争』なのだという。「第一期核戦争映画」は詠嘆的、虚無的に、世界の破滅を描いたが、その数年後には、生き残った人々がサバイバル闘争を繰り広げる「第二期核戦争映画」の流行が始まった、とのことである。

書籍情報

Millennium Movies, Kim Newman, Titan Books刊

西洋の子供が恐れる
ブギーマンや妖怪異人を
文化・社会的に洞察

No Go the Bogeyman

by Marina Warner

『怖いよ、ブギーマン』

マリーナ・ウォーナー

子供の頃、夕暮れどきになると、よくお遍路さんがやってきた。本当は夕暮れにかぎらず、明るいときにもやってきたはずだが、記憶の中の時間はいつもたそがれで、物陰からお遍路さんを盗み見ながら、私は怯えていた。

四国八十八か所のお遍路さんも、昨今は観光バスで霊場を巡ることが多いようだが、昔は托鉢僧の格好をした巡礼をよく見かけた。家の前でお経を読んでいたお遍路さんは、米を一合、紙袋に入れて渡すと、無言のまま一礼して去っていった。

そんなお遍路さんがなぜ怖かったかというと、親がこんなことをいったからである。

「悪い子はお遍路さんに連れて行かれるよ！」

たまたま四国の一地方でそういういいかたをしたのだが、「悪い子は××に連れて行かれる」という表現は、さまざまな形で日本中に存在する。東京には「赤マント」というのがいたそうだが、民俗学でいう「異人」や架空の妖怪が××の部分に入るわけだ。

面白いことに、類似の表現は西洋でも使われている。その代表的なものは、bogeyman だろう（man を取って、単に bogey ともいう）。ランダムハウスで bogeyman を引くと、

「ブギーマン。魔力を持つ想像上の性悪のお化け。特に悪い子供をさらっていくとされる小鬼をいい、子供を脅すのに用いる」

と説明されている。西洋の子供は、「悪い子はブギーマンに連れて行かれるよ！」と脅されて大きくなるらしい。

このブギーマンは現代の小説や映画にも登場している。たしかスティーヴン・キングの作品にも出てきたし、かつて人気があったホラー映画「ハロウィーン」シリーズの化け物の名前が「ブギーマン」であったことを思い出す人もいるだろう。

今回紹介する本、マリーナ・ウォーナー（Marina Warner）の *No Go the Bogeyman*（怖いよ、ブギーマン、というニュアンスか）は、題名に Bogeyman が入っていることからもわかるように、「魔力を持つ想像上の性悪のお化け。特に悪い子供をさらっていくとされる小鬼」の研究書である。ただし、ここに登場するのは、ブギーマンだけではなく、一つ目巨人や、魔女、人喰い鬼など、子供の恐怖の対象になる妖怪や異人が幅広く取り上げられている。

ヨーロッパに現れた多種多様な妖怪を地域や歴史から比較

ウォーナーさんは、こうした妖怪変化（へんげ）が文化の深層にあって芸術や物語を生む源泉になっているし、さらには差別意識の具現化でもある、と説く。もちろん、難しいことは考えないで、図版満載の西洋妖怪百科として楽しむこともできる。「本当は残酷な××」というたぐいの本が日本でも流行したことがあったが、ウォーナーさんの本書は、あれをずっと知的に先鋭化したものだとい

乱読者のノートから

1946年生まれのマリーナ・ウォーナーは学者、批評家、小説家と多面的な活躍をしている。小説家としては、*Indigo*、*The Lost Father* などの長篇があるが、一番有名な業績は、神話、象徴、童話、民話などのフェミニスト的研究だろう。本書、*No Go the Bogeyman* もその分野の作品で、英国の高名な民俗学者キャサリン・ブリッグスにちなんだキャサリン・ブリッグス民俗学賞を受けている。ハードカバーは1998年の出版。2000年に Vintage のペーパーバックになった。現在、ウォーナーさんは、ロンドン大学の教授であり、王立文学会の会長も務めている。

えるだろう。

　とにかく、ヨーロッパ全土に目を配っているので、読んでいて飽きることがない。たとえば、次のような箇所がある。

　　The unfamiliar in every aspect moulds the phantom, and so, like witches, bogeys are crooked or moley or warty, or they limp or suffer from other unusual physical traits—fairies are often marked out, in the British tradition, by their red hair. Female demons predominate in earlier mythologies, but by the early-modern period male predators are increasing in numbers and prominence. Racial differences contribute, too: the *coco* in Spain is imagined as a black devil, as he is in Italy, where he is simply called *l'omo nero*. This tradition has survived in those countries longer than in England, where 'black-man' is no longer an alternative phrase for a bogey or hobgoblin, as it was in Middle English.

あらゆる種類の異常性が妖怪なるものを形作る。したがって、魔女と同じように、ブギーも背中が曲がっていたり、あざがあったり、いぼがあったりするし、足を引きずっているなど、普通ではない肉体的特徴を備えていることもある。ちなみに、英国ではしばしば赤毛が妖精のしるしとされている。古い神話に登場する魔性のものには女性が多かったが、初期近代になると凶暴な男性の魔物が目立って増えるようになる。民族による違いも見逃せない。スペインの妖怪〈ココ〉は黒い魔物で、イタリアでも同じように〈ロモネロ＝黒い人〉とそのものずばりの呼び名をちょうだいしているが、そうした国と違って、すでにイギリスにその伝統はなく、〈ブラックマン＝黒い人〉がブギーや小鬼の別名であったのは中期英語までである。

　ごらんのように、原文はちょっと硬いが、読みこなすのはそんなに難しくないだろう。

　こうした妖怪は、中世の迷信であるばかりでなく、現代にもちゃんと生き残っている。たとえば、人喰い鬼。民話における代表的な人喰い鬼は、「ジャックと豆の木」の巨人だが、ウォーナーさんによれば、20世紀末のハリウッド映画にも似たような怪物が現れたという。その映画は『ジュラシック・パーク』。子供を追いかけて、ぱくっと一口で食べようとする肉食恐竜、あれは人喰い鬼の変形であったのだ。この本には、そういう鋭い洞察がたくさん出てくるし、日本でいうと、「リング」シリーズの「貞子」なども bogeyman の一種かもしれない——などということを考えたくなるところに、この本の普遍的な面白さがある。

　とにかく、人間の子供が文化的・社会的に成長するためには、制度上、恐怖というものが欠かせないようである。

　お遍路さんの影が薄くなった今、四国の子供たちは、なんとい

って親から脅されているのだろう。

書籍情報

No Go the Bogeyman, Marina Warner, Vintage Books 刊

翻訳にも役立つ！
歴史、宗教、衣食住が
楽しく学べる英国読本

Britain

by James O'Driscoll

『英国』

ジェームズ・オードリスコール

　日本ではいつのまにか英語とアメリカとが結びついて（初対面の人はみんなぼくをアメリカ人だと思う、と知り合いのイギリス人がいっていた）、英語を学ぶことはアメリカ文化を学ぶことだと思われてきたふしがある。多文化時代に突入した今、英語学習者の中には、カナダやオーストラリアやイギリスの文化に興味をもつ人も多くなっている。

　職業柄、イギリスの小説を翻訳することが多いが、そんなとき日本の英和辞典はあまり役に立たない。英語の辞書でありながら、実体は米語辞典で、イギリス語の項目が少なく、あっても説明が簡素すぎたりするからである。

　たとえば、イギリスにおける住宅関係の基礎用語に、detached house というのがあるが、従来の日本の辞書では単に「独立家屋」と訳されてきた。やや丁寧なものになると、「一戸建ての家」と出ているものの、それでもまだ不充分である。この detached house に正しい説明をつけたのが〈リーダーズ・プラス〉で、

detached house を引くと、次のように書いてある。

「《英国の大都市周辺の》土地付き一戸建家屋……（中略）……大都市サラリーマンのあこがれの的でもある」

detached house とは、ただの「一戸建て」ではなく、「土地付き」の一戸建てで、サラリーマンのあこがれだったのである。

イギリスに関する日本人の知識の欠落は、衣食住どの分野にもある。最近では、イギリス通やイギリス好きの人がいろいろな本を書いてくれるので、さまざまな情報が流通するようになったが、いかんせん、情報が細切れにならざるを得ず、いっそのこと、幅広いイギリス情報が一冊にまとまった、英国読本の決定版のようなものがあったら便利だろうな、と思っていた。すると、あったのだ、そういう本が。今回紹介するのはその「英国読本の決定版のようなもの」で、題名はズバリ『英国』（*Britain*）という。

版元は OUP（オックスフォード大学出版局）で、「英語を学ぶ人のための英国案内」という意味の副題がついている。そのことからもわかるように、これは、実は英語の教科書（あるいは副読本）に分類される本である。

たとえば、イギリスにはテレビ局がいくつあるの、という素朴な疑問も、この本で解決できる。地上波にかぎっていえば、英国全土で見られるテレビ局は、BBC1、BBC2、ITV、チャンネル4の四つである（現在はチャンネル5が加わり、五つに増えている）。BBC2とチャンネル4は教育番組や教養ドキュメンタリーを多く放送している。

以上のことは「メディア」という章に出ているのだが、章の終わりに「番組の視聴率表を見て、英国における視聴者の傾向について思うところを述べよ」などという問題が出ているのは、さすが教科書である。

全23章の中には、歴史、地理、法律、宗教など、堅い話題も

載っているが、書き方に工夫があり、無味乾燥な、いわゆる教科書記述に終わっていないのが面白い。宗教に関していえば、イギリスの国教は、いわゆるアングリカン・チャーチ（イギリス国教会）だが、その国でカトリックはどんな立場にあるのか、それは13章「宗教」を見ると書いてある。

イギリスのカトリックの司祭は
アイルランドからの輸出品？

Although Catholics can now be found in all ranks of society and in all occupations, the comparatively recent integration of Catholicism means that they are still under-represented at the top levels. For example, although Catholics comprise more than 10% of the population, they comprise only around 5% of MPs.

A large proportion of Catholics in modern Britain are those whose family roots are in Italy, Ireland or elsewhere in Europe. The Irish connection is evident in the large proportion of priests in England who come from Ireland (they are sometimes said to be Ireland's biggest export!)

社会のあらゆる階層、あらゆる職業層に、カトリックを信仰する人がいるにしても、比較的最近（訳注、20世紀初頭）までカトリックに対する差別が残っていたせいか、上層の部分を見るとカトリック信者はまだ少ない。たとえば、カトリック信者は全人口の10パーセントを超えているが、国会議員の中では約5パーセントに過ぎない。

現代英国のカトリック信者には、イタリアか、アイルランド、

本書*Britain*は、Oxford University Pressから1995年に初版が出た。情報は古くなるのが早いので、4年後の1999年に早くも改訂版が出ている。今回取り上げたのはその改訂版による情報である。しかし、すでに古くなっている部分もあり（テレビ局など）、それは2009年版で改訂されている。まえがきによると、これは中級以上の英語学習者を対象にした本だという。だから、そんなに難しい文章は出てこない。

あるいはヨーロッパのほかの国にルーツをもつ家族が多い。特にアイルランドとのつながりは顕著で、イングランドの司祭のうち、かなりの数がアイルランドからきている（アイルランド最大の輸出品は司祭だといわれることがあるくらいだ！）。

　最後の一文が面白いところで、

　「アイルランド最大の輸出品はカトリックの司祭なんだって」

と、世間話のたねにできるわけである。

　最初に書いた家の問題も、19章「住宅」で触れてあり、普通のイギリスの住宅が主に四つに分類されることが書いてある。detached house（土地つき一戸建て）、semi-detached（一戸建てを縦に二分して二世帯が住めるようにしたもの）、terraced house（二階建ての家を隙間なく横に並べた集合住宅）、flat（日本でいうマンション）の四つである。そして、この順番に人気があるという。つまり、日本と違って、マンションは不人気なのだ。

　ところで、knickersというイギリス語について、従来の日本の辞書には不備があり、まっ先に「ニッカーボッカーのこと」など

と米語での解釈が書いてあるものだから、誤訳が横行してきた。これまた〈リーダーズ・プラス〉には正しく「パンティー、ショーツ」と出ているのだが、このあいだ読んだイギリス小説の翻訳には、ベッドシーンのたびに、

　「彼女は純白のニッカーボッカーを脱ぎ捨て……」

という訳文が出てきて、大笑いした。

書籍情報

Britain, James O'Driscoll, Oxford University Press 刊

アメリカ史上最大の
古地図泥棒の実像に迫った
地図犯罪ノンフィクション

The Island of Lost Maps

by Miles Harvey

『失われた地図の島』

マイルズ・ハーヴィー

子供の頃、近所のお菓子屋に行こうとして、反対の方角に歩いてしまい、生まれて初めて迷子になった。それ以来、方向音痴を自覚している。

　旅行などで知らない土地に行ったときには地図が欠かせないが、地図を見ても目的地にたどりつくのは難しい。Google マップで順路を調べ、指示通りに歩いているつもりでも、曲がり角を必ず間違える。

　初めてロンドンに行ったとき、トラファルガー広場からナショナル・ギャラリーに行こうとして、気がついたらコヴェント・ガーデンに立っていたことがある。広場の北側に渡れば目の前だったのだが、地図を見ても東西南北の関係が理解できないのでどうしようもない。

　そんなわけで現実の地図は苦手だが、ファンタジー小説に出てくる架空世界の地図や、世界の果てに怪物の絵などが描いてある昔の不思議な地図には心惹かれるものがあって、それを扱った本

があれば、つい手に取ってしまう。

　今回紹介する本は、そんな地図に魅せられた人たちの話である。題名は『失われた地図の島』（*The Island of Lost Maps*）といって、*A True Story of Cartographic Crime* という副題がついている。cartographic という単語は初めて見たが、「地図作成法の、地図の」という形容詞であるらしい。つまり、「地図犯罪実話」というわけだ。

　1995年12月、アメリカのボルティモアにある有名私大、ジョンズ・ホプキンズ大学の図書館に一人の男が侵入し、230年ほど前に作成された一枚の地図を盗んで逃走した。容疑者はすぐに特定された。ギルバート・ブランドという男である。このブランドは、いくつもの偽名をもつ札つきの犯罪者で、東海岸の大学の図書館に忍び込んでは古地図の窃盗を繰り返していた。

　この本の著者、マイルズ・ハーヴィー（Miles Harvey）は、そのブランドという地図泥棒に興味をもち、調査を始める。そして、古い地図を盗む人間がたくさんいることを知る。たとえば、1970年代・80年代には、スティーヴン・キャリー・ブランバーグという男がいて、ミネソタ大学の教授を名乗り、北米の268か所の図書館から2万3600冊の地図を盗んだという。しかし、ブランドはそれ以上の大物で、「地図の世界のアル・カポネ、アメリカ史上最大の地図泥棒」の異名を取る男だった。

地図マニアの司書が書いた
地図史の本に学界が驚嘆

　そのブランドの業績（？）を追跡したのがこの本で、その中に、古今東西の地図に憑かれた人々の肖像をうまくはめ込んでいるのが読みどころである。

マイルズ・ハーヴィー（1960-）は、通信社の記者や雑誌の書評家としても活躍している。1984年イリノイ大学卒。本書は2000年に初版が出て、2002年にPhoenixのペーパーバックになった。値段は£7.99。アメリカ版のペーパーバックは2001年にBroadwayから出ている。2008年には第二作、*Painter in a Savage Land: The Strange Saga of the First European Artist in North America*が出ている。16世紀にフロリダを探検したフランス人画家の話だとか。

　たとえば、ロイド・A・ブラウンという人の話が出てくる。

　ブラウンさんは1966年に亡くなった人で、42年から56年まで、ハーヴァード大学のピーボディ図書館で司書をしていた。司書であり、学者ではないので、いわゆる専門家とは見なされていなかったが、1949年、『地図の話』（*The Story of Maps*）という本を書いて、学界をあっといわせた。これは地図の歴史に関する画期的な本で、以後、この本を読まなければ地図史は語れないといわれるほどの名著だった。ブラウンさんが熱烈な地図マニアであったことと、ピーボディ図書館に膨大な古地図のコレクションがあったことから、専門の学者でもないのにそんな本が書けたのである。

　『失われた地図の島』のハーヴィーさんは、そのエピソードを描きながら、

If you get bitten by a flea, I guess you have to live with it.

　というブラウンさんの名言を紹介している。「蚤に食われたら（つまり、地図が好きになったら）、その事実と共に生きていくしかない」というのである。

　地図泥棒ブランドは、そのピーボディ図書館にも忍び込んで、

貴重な古書のページをカッターで切り取っていくのだが、ハーヴィーさんは、その犯行の様子を、なんとブラウンさんの視点から描写する。つまり、司書ブラウンさんの幽霊が図書館にいて、ブランドの犯行の一部始終を怒りながら見ている、という書き方をするのだ。こんなふうに――

Since his death in 1966, Lloyd A. Brown had led a happy spectral existence amid his beloved books. Or at least that's the way I imagine him. What a wonderful thing reading must have been, when unencumbered by the earthly pressure of time! ...（中略）

And so things might have remained, if not for the intruder – the hated one who crept into the library one day, seated himself at one of Brown's favorite old tables, and, as the ghost hovered helplessly above, began to slice up books. Worse: map books – the ones Brown had cradled so often, so tenderly, for so many years ...

　1966年に亡くなって、ロイド・A・ブラウンは愛する本に囲まれて幸せな幽霊生活を送っていた。少なくとも私はそう想像する。現世の時間の制約なしに本が読めるとは、なんと素晴らしいことだろう！　……（中略）……。

　そんな楽しい暮らしが続いていたある日、一人の闖入者――憎むべき男が図書館に忍び込んで、ブラウンが好きだった古い机の一つにすわり、幽霊のブラウンがなすすべもなく空中から見守る前で、本のページを切り取っていった。もっと悪いことに、それは地図の本だった――長年にわたってブラウンが何度も愛おしく胸に抱いてきた地図の本……。

蘊蓄をだらだら並べられると退屈するものだが、こういう具合に工夫して書いてあるので、面白く読むことができる。

　本書の中には、コンラッドの『闇の奥』の語り手が地図の魅力を語る一節が引用されている。岩波文庫の中野好夫の訳で紹介すれば、次のとおりである。

　「ところで、僕は子供の時分から、大変な地図気狂いだった。何時間も何時間も、よく我を忘れて南米や、アフリカや、豪州の地図に見入りながら、あの数々の探検隊の偉業を恍惚として空想したものだった。その頃はまだこの地球上に、空白がいくらでもあった。中でも特に僕の心を捉えるようなところがあると、（いや、一つとしてそうでないところはなかったが、）僕はじっとその上に指をおいては、そうだ、大きくなったらここへ行くんだ、とそう呟いたもんだった」

　さすがにコンラッドは地図の魅力をうまく語っている。しかし、私なら、南米に行こうとして、おそらくアフリカに行ってしまうだろう。

書籍情報

The Island of Lost Maps, Miles Harvey, Broadway Books 刊

文章を書くとき脳内で
何が起こっているのかを
神経科医が解き明かす

The Midnight Disease

by Alice Weaver Flaherty

『真夜中の病気』

アリス・ウィーヴァー・フラハティ

　　　の昔、まだコンピュータが普及していなくて、四百字詰め
　そ　の原稿用紙に手書きで字を書いていた頃、必要に迫られ、
3日間ほとんど寝ないで150枚の原稿を書いたことがある。平均
すれば一日50枚。それが我が執筆生活における日産最高記録だ
が、ダメージも大きく、そのあと四、五日は何もできなかった。
ただ、書いているあいだは異様にハイになっていたような気がす
る。脳内に変な汁が出ていたのかもしれない。

　流行作家になると、コンスタントに1か月千枚書いたりするこ
とがあるという。平均すれば一日に三十数枚。一見、簡単そうだ
が、1か月続けるのは難しい。しかも、午前中の3時間でそれだ
けの分量をこなし（つまり、1時間約十枚のスピードである）、あ
とは銀座に繰り出したりする。

　文章を書くとき、人の脳の中で何が起こっているのか。すらす
らと文章が書けるときと、いくらがんばっても書けないときがあ
るのはどういうわけか。そもそも文章を書くとはどういうことか。

考えてみれば、これはかなり面白い問題である。

で、そういうことを書いた本はないかと思って調べてみると、絶好の本が出版されていた。今回紹介するのはその本で、著者はアリス・ウィーヴァー・フラハティ（Alice Weaver Flaherty）、題名は『真夜中の病気』（*The Midnight Disease*）という。

バルザックは毎夜どろどろの濃いコーヒーを飲みながら長大な連作小説を書いたとか、滝沢馬琴は30年近くかかって『南総里見八犬伝』全106冊を完成させたとか、古今東西、作家にはいろいろなエピソードがある。これもその種の逸話集かと思ったら、そうではなかった。著者は神経科医で、この本は、人間の文筆活動を科学的に考察する長篇エッセイだったのである。

なんか難しそう、と思った人は、心配ご無用。お医者さんで文筆家という人には、専門的なことを面白く書いてくれる人が多い。日本では解剖学の養老孟司先生がベストセラーを連発したが、アメリカにはオリヴァー・サックスという神経科のお医者さんがいて、『妻を帽子とまちがえた男』とか、映画化もされた『レナードの朝』といった医学エッセイ集が人気を呼んだ。本書のフラハティさんも同じ神経科医なので、第二のオリヴァー・サックス出現か、と期待されている。

読んでみると、大脳の神経に関する専門的な議論もあったが、何よりも構成が見事で、最後まで飽きずに読みとおすことができた。

大作家コンラッドも文章が書けなくなる 「ライターズ・ブロック」症状に苦しんだ！

最初の章では、hypergraphia という病気のことが語られる。カタカナで書けば「ハイパーグラフィア」だが、日本では「書字運

動の亢進」などと呼ばれている。これはなかなか恐ろしいもので、手近なところに紙と鉛筆があると、それを取って、だらだらと、とりとめもなく、ときには意味不明の文章を、何時間でも書き続けるのだそうだ。脳の中で神経がショートしたり、過放電状態になったりすると、こういうことが起こるらしい。フラハティさんは医者としてハイパーグラフィアの患者を診てきているので、その記述は真に迫っている。

　おわかりかと思うが、月産千枚の流行作家は、軽いハイパーグラフィアになっているのである。作家ではなく翻訳家だが、知人にも月産千枚近い人がいて、言葉があふれてきて仕方がない、とでもいうように、二人の人と同時に話をしながら、なおかつ携帯電話で別の人と話をしている場面をパーティで見かけたことがある。いつか、そんなときに紙と鉛筆を渡してみようかと思っている。彼は、きっとその場で、だらだらと、とりとめもなく、ときには意味不明の文章を書き始めるに違いない。

　次の章では、その逆の状態、writer's block のことが語られる。「ライターズ・ブロック」というのは、作家がスランプに陥り、文章が書けなくなること。「著述遮断」という訳語もあるようだが、ここではそのままカタカナで書くことにする。ハイパーグラフィアとライターズ・ブロックとは、表面上はまったく逆の現象だが、脳内では補完的な関係にあり、その二つを同時に発症することもあるという。例として、イギリスの大作家、ジョゼフ・コンラッドの長い文章が引用されている。これが実に面白いのだが、コンラッドは、自分がもう文章を書けなくなったということを、だらだらと、とりとめもなく、ときには意味不明の文章を交えながら、のらりくらりと書いているのである。

　そのあとの章では、ライターズ・ブロックの心理的要因と大脳生理学的要因とが語られる。そして、最後の三つの章でいよいよ

1963年生まれのアリス・ウィーヴァー・フラハティはマサチューセッツ総合病院に勤める神経科医であり、ハーヴァード・メディカル・スクールの先生でもある。この *The Midnight Disease* が第一作。カフカからスティーヴン・キングまで、さまざまな作家の発言が実例として取り上げられている。著者自身もこれを書いているときにライターズ・ブロックに陥ったそうだ。本書は2004年に Houghton Mifflin の Mariner Books から出版された。『書きたがる脳 言語と創造性の科学』という題で翻訳（ランダムハウス講談社）が出ていた。

クライマックスにさしかかり、人はいかにして文章を書くか、なぜ書くか、芸術的霊感とは何か、という考察が医学的に繰り広げられる。

　個人的には、ライターズ・ブロックの章に一番関心があった。もちろん、私も売文業者のくせに、普段から書けない書けないと愚痴ばかりこぼしているからである。ところが、さすがに理科系の人だけあって、フラハティさんはライターズ・ブロックを次のように厳密に定義する。

Although writer's block can have many manifestations and many causes, all blocked writers share two traits: they do not write despite being intellectually capable of doing so, and they suffer because they are not writing. That definition, though simple, allows us to peel away several other states that have important differences from writer's block.

　ライターズ・ブロックはいろいろな形で現れ、その原因もさま

ざまだが、それに悩んでいる作家には共通点が二つある。まず、知性的にはちゃんとものが書ける状態にあるのに書けないこと。そして、書けないことで苦しんでいることである。簡単な定義だが、これによってライターズ・ブロックとほかの状態とを峻別することができるだろう。

　考えてみれば、この定義のうち、前半（書ける状態にあるのに書けない）は当てはまるが、後半（書けないことで苦しんでいる）は当てはまらない。書けないときでも、本を読んだり、映画を観たりして、けっこう楽んでいるからである。これはつまり「ほかの状態」であろう、と自己診断を下した。そう、私は怠けているだけなのだ――と、まあ、そんな具合に、なかなか啓発される本なのです。

書籍情報

The Midnight Disease, Alice Weaver Flaherty, Mariner Books 刊
『書きたがる脳』アリス・W・フラハティ著、吉田利子訳／ランダムハウス講談社刊

欧米のサブカルチャー「ゴス」についての奥深い研究書

Goth Chic

by Gavin Baddeley

『ゴス・シック』

ギャビン・バッドリー

サブカルチャーを語るのは難しい。どう論じても、それはアウトサイダーの理屈でしかなく、結局は本質から外れてしまう。

日本には「オタク」というサブカルチャーがあって、その実体について議論が盛んだが、結局、オタク文化とは、「オタクがそのときどきに興味をもっているものの総体」と定義するしかないものだ。「饅頭とは饅頭的なものの総体である」といっているのと同じで、じゃあ何が饅頭なのか、と突っ込まれるのは必至だが、ほかには表現のしようがない。

欧米の「ゴス」というサブカルチャーにも似たようなところがある。ゴスはロックのジャンルでもあるが、イギリスのゴス専門レーベル、ナイトブリードの主催者、トレヴァー・ブラムフォードは、「ゴスとはゴス野郎がそのときどきに（at any given moment）興味をもっているもののことさ」といっているそうだ。

ホラー小説の研究をしていると（まあ、研究というほどおおげ

さなものではないが）、1980年代に登場したこの「ゴス」を避け
て通ることはできない。そのことが前から気になっていたのだが、
たまたま本屋に行ったら、ゴスの研究書が出ていた。それが、ギ
ャビン・バッドリー（Gavin Baddeley）という人の『ゴス・シッ
ク』（*Goth Chic*）である。

　題名は、もちろん、「ゴシック」と、「ゴス」と、「シックな装
い」というときの「シック」とを合成したもの。ゴスは、ヨーロ
ッパ中世のゴシック様式に由来する言葉で、そのゴシックの20
世紀末的な表現と考えることができる。平凡社の世界大百科事典
を引用すれば、本来のゴシックとは次のようなものである。

　「元来〈ゴート人の〉を意味する語。ゲルマン人の未洗練な流儀
に対する蔑称の語調をもつ。当初、特定の教会建築様式を指すも
のであったが、のちに美術様式全般に拡張して用いられた。さら
に、たんに美術ばかりか、文学、音楽、思想など多様な文化領域
においても〈ゴシック的〉なる概念の使用が提唱され、精神史的
文脈における定義と解明とが求められるようになった」

　イギリスでは18世紀から「ゴシック・リバイバル」と呼ばれる
ゴシック復活運動が起こって、ゴシック小説（今のホラーの先
祖）がベストセラーになり、ゴシック様式の建物が建てられたが
（現存の国会議事堂がその代表）、その頃から今のゴスに通じる感
性が芽生えた。陽光を浴びる緑の草原を美しいと感じるのは普通
だが、それとは正反対の、嵐の夜の墓地に荘厳（sublime）な美を
感じる美意識がゴシックなのだという。

　西洋ではその後ロマン主義が興り、19世紀末にはロマン主義
の堕落した形態であるデカダンが流行したが、その移り変わりの
あいだにゴシックは変質し、今の「ゴス」になった、というのが
バッドリーさんの主張である。現代のゴシックを要約して、バッ
ドリーさんは次のように述べている。

ギャビン・バッドリーはオカルトに詳しい音楽ジャーナリスト。本書でも音楽のパートに一番力が入っている。これまでにもオカルト系ロックバンドの研究書や、マリリン・マンソンの伝記などを出版している人で、1966年生まれ。今では悪魔崇拝にのめり込み、サタン教会の伝道師をやっているとか。勉強家らしく、多種多様な本からの引用が多い。本書Goth Chicは2002年にPlexus Publishingからペーパーバックで出版された。その後も類書を何冊か出している。

ゴシックとは洗練された野蛮。
ゴス的な映画や小説、ファッションも紹介

Gothic is sophisticated barbarism. It is a passion for life draped in the symbolism of death. It is a cynical love of sentiment. It is a marriage of extremes such as sex and death. It uses darkness to illuminate. It believes duty is vain, and vanity to be a duty. It is the compulsion to do the wrong thing for all the right reasons. It is a yearning nostalgia for the black days of a past that never was. It denies orthodox reality and puts its faith in the imaginary. It is the unholy, the uncanny, the unnatural.

　ゴシックは洗練された野蛮である。死の象徴に覆われた生の賛歌である。高尚な感情へのシニカルな愛である。セックスや死といった極端なものの結合である。それは暗闇を使って光を当てる。

義務は無益で、驕慢こそ義務であると考える。それは正しい動機で間違ったことを行いたいという衝動である。実際は存在しなかった過去の暗黒時代に対するあこがれに満ちた郷愁である。正統の現実を否定し、架空のものを信仰する。不浄で、不気味で、不自然である。

　ここまでがこの本の序論で、以後、ポオの「アッシャー家の崩壊」などのゴシック文学や、昔のドラキュラものなどの怪奇映画をざっと復習したあと、現代のホラー映画や小説や音楽やファッションに表れるゴシック的なもの（つまり、ゴス）を次々に紹介している。そういうものが好きな人には、絶好のガイドブックになるだろう。

　言葉で説明するとわかりにくいが、インターネットを利用できるかたは、「Dark Angel Rivendell Studios」で検索すると、イギリスのゴス専門ファッション・ハウス「ダークエンジェル」のホームページにたどり着くことができる。今はゴシックだけでなく、妖精ファッションも混じっているが、これを見ればイギリスのゴス・ファッションがどういうものかひと目でわかるし、通販で買うこともできる。

　ロックのゴスは、パンクが燃え尽きて、グラム・ロックが台頭してきたときにその両者融合するかたちで出てきたものだという。最近では、日本のアニメに登場する未来の戦闘少女のようなコスプレをするゴス女性がいるそうで、そういうゴスは、「おてんばゴス（perkygoth）」と呼ばれているそうだ。ゴスもなかなか奥が深い。

　思い出話をすれば、大学時代、吸血鬼の扮装をしてキャンパスを歩いている先輩がいた。1970年代後半のことである。煉瓦造りの古い建物に吸血鬼ファッションが妙に似合っていたのが記憶

に残っている。卒業後も数年おきに話をする機会があったが、50歳になる前に病気で亡くなった。「今、吸血鬼の小説を書いてるんだけど、吸血鬼がアメリカに行く場面で、英語をしゃべらせないといけないんだよ。セリフ、英訳してくれる？」そんな電話がかかってきたのが最後だった。本書を読みながら、あの先輩の吸血鬼姿が頭にちらついていた。

書籍情報

Goth Chic, Gavin Baddeley, Plexus Publishing 刊

ウェールズの寒村に隠遁した二人の女性が知識人たちを魅了

The Ladies of Llangollen

by Elizabeth Mavor

『スランゴスレンの貴婦人たち』

エリザベス・メイヴァー

イギリスの著名な詩人・評論家イーディス・シットウェル（1887年生まれ、1964年に死去）の『英国畸人伝』という本が青土社から出ている。シットウェル女史は王立文学会の副会長を務めた大物で、詩や評論はやや時代遅れになったものの、この本は今でも人気があり、よく読まれている。原題は *English Eccentrics*（初版は1933年）。題名どおり、イギリスのさまざまな奇人変人の生涯を綴った本で、大人になってからずっと風呂に浸かりっぱなしだった18世紀の貴族ロークビイ卿とか、一日にポート酒を8本呑み続け、しゃっくりを止めるために自分のシャツに火をつけた地主ジャック・ミットンとか、150歳まで生きてウィスキーの銘柄（オールド・パー）になったトマス・パーとか、興味深い人々が次々に登場する。イギリス人は奇人変人が好きなことで知られるが、その証拠としてこの本を挙げる人も多い。

イギリスでは伝記も盛んで、偉人伝ではなく、そうした奇人変人の伝記も人気がある。今回紹介する本も「畸人伝」の一つで、

題名は『スランゴスレンの貴婦人たち』（*The Ladies of Llangollen*）という。

「貴婦人たち」というのは、18世紀に生きていた二人の女性、エリナー・バトラーとセーラ・ポンソンビーのことである。エリナーはアイルランドの首都ダブリンに住む貴族の娘。セーラは同じくアイルランドの富豪の娘だったが、両親が早く亡くなって、親類に育てられていた。

セーラは13歳のとき寄宿学校に入るが、その学校で教鞭を執っていたのが29歳のエリナーだった。以後、十年にわたって二人は「友情」を育み、セーラが学校を出てからもおたがいの家を行き来していた。

エリナーは結婚に興味がなく、独身を通していたが、セーラのほうは育ての親から結婚を勧められ、おおいに悩み、エリナーに相談をもちかける。その結果、二人は、「男の格好」に変装し、「友情」を守るために駆け落ちをする。

家族に連れ戻されて、この最初の駆け落ちは失敗するが、二人はあきらめず、再度、海を渡ってグレート・ブリテン島に向かい、イングランドやウェールズに逃避行を決行する。やがて家族もあきらめて、二人の関係を認めることになる。二人はウェールズのLlangollenという谷間の寒村にコテージをかまえ、そこをPlas Newyddと名づけ、共同生活を始める。LlangollenもPlas Newyddも英語ではなくウェールズ語。ウェールズ語のLLは「スラ」と発音するそうなので、この地名はとりあえず「スランゴスレン」と表記する（イングランドの人は「ランゴレン」と発音するらしい）。Plas NewyddはNew Placeという意味で、訳せば「新天地」。二人がウェールズに定住したのは1778年。エリナーは39歳、セーラは23歳だった。

友情を守るため逃避行した二人の
隠遁生活は当時の知識階級の理想だった

　この二人は、やがてウェールズの有名人になり、以後、50年間、文学者や政治家や好事家が二人のコテージをひっきりなしに訪れる。ドイツの軍人で旅行家のヘルマン・フォン・ピュクラー・ムスカウは、二人のことを「欧州で最も名高い処女たち」と呼び、当時の著名な女性作家ピオッツィ夫人は二人をenchantress（魔法使いのように魅力的な女性）と呼んだ。政治家で、名著『フランス革命の省察』を書いたエドマンド・バークも、ワーテルローでナポレオン軍を破ったウェリントン公も、進化論のチャールズ・ダーウィンも、それぞれ二人と親交があったという。

　この人気の理由を、著者のエリザベス・メイヴァー（Elizabeth Mavor）は次のように説明している。

What was the cause of such celebrity? For the two women were neither artists nor writers as has often been supposed, though many admired Sarah Ponsonby's beautiful calligraphy and exquisitely careful illuminations and all enjoyed Eleanor Butler's animated conversation, that 'unaccountable knowledge ... of all living books and people and things', which to Mrs Piozzi had been 'like magic'. For some fascination lay in the strangely picturesque charms of their garden, for others in the gothick witticisms of the cottage, to all the life of the two women represented a perfect picture of that 'retirement' which had became the ideal of an age too long given over to the stridency of the world.

乱読者のノートから

　エリザベス・メイヴァーは1927年スコットランドのグラ
スゴウ生まれ。2013年に世を去っている。オックスフォー
ド大を出て、1959年にまず小説家としてデビューし、のち
に本書のような伝記も書くが、どの作品も女性同士の人間
関係をテーマにしているという。本書は1971年にハード
カバーが出て、1973年にペーパーバックになった。しばら
く入手困難だったが、2001年にPenguin BooksのClassic
Biographyというシリーズで再刊された。

　そうした名声はどこからきたのか？　二人の女性は、これまで
しばしば考えられていたのと違い、画家でもなければ文筆家でも
なかった。ただし、セーラ・ポンソンビーの美しいカリグラフィ
ーや書物に施すきわめて繊細な装飾は多くの人の賞賛の的であっ
たし、エリナー・バトラーの生き生きとした話術は人を喜ばせ、
ピオッツィ夫人によれば、「本や人間や物事に関する得体の知れな
い知識」は「魔術的」であったという。ある人は不思議な雅趣に富
んだ二人の庭園に魅せられ、ある人はゴシック風の機知があふれ
たコテージに魅せられた。だが、誰にとっても魅力だったのは、
騒々しい世界情勢に振りまわされてきた時代における理想の生活
となった「隠遁」を、二人の女性が完璧に体現していたことであっ
た。

　フランス革命からナポレオン戦争に至る殺伐たる世相の中で、
「隠遁」という生活スタイルが知識階級の理想になり、ウェール
ズの片田舎で、はからずも隠者のような生活を送っていた二人に
関心が集まり、会ってみると話術に長けた素晴らしい女性たちだ

ったので、たちまち二人は人気者になった、という解釈である。むろん、変わった人を面白がる国民性もあっただろう。

　残された日記や書簡を手がかりにして、メイヴァーさんはこの二人の生涯を克明にたどっていく。エリナーは1829年に90歳で亡くなり、その2年後、セーラは76歳であとを追う。

　この二人、現代風にいえばレズビアン・カップルだが、著者のメイヴァーさんは、二人に性的な関係があったという証拠はない、として、「ロマンチックな友情（a romantic friendship）」という言葉で二人の間柄を説明している。

書籍情報

The Ladies of Llangollen, Elizabeth Mavor, Moonrise Press 刊

化石好きの血が騒ぐ！
世界最初の地質図を
つくり上げた男の生涯

The Map That Changed the World

by Simon Winchester

『世界を変えた地図』

サイモン・ウィンチェスター

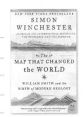

中 学生の頃、化石採集に熱を上げていたことがある。1時間
ほど列車に乗って、平家伝説の残る山地に入ると、石灰岩
の採掘跡があり、その露出した地層から化石が見つかる。いわゆ
る有名産地ではないので、採り放題だった。切り立った断崖を這
ってのぼりながら、自分が今へばりついている崖は古代の海だっ
たのだ、と思うと頭がくらくらした。

　友だちが三葉虫を掘り当てると、こっちはアンモナイトを見つ
けてやろう、と発奮したが、よく考えると、三葉虫が出る地層か
らアンモナイトが見つかるはずはない。三葉虫は古生代カンブリ
ア紀の生き物で、アンモナイトは中生代に栄えた生き物だからで
ある。3億年ほど時代が違う。3億年、と書いて、また頭がくら
くらした。

　現代人は、化石というと地質時代の生物の遺骸や生活の痕跡が
石に刻まれたものだと知っているが、ほんの百年か二百年前まで
は、ヨーロッパあたりでも、化石に対する正確な認識をもってい

る人はいなかった。牧師さんにいわせれば、ノアの箱船の話に出てくる大洪水で滅んだ生き物の残骸、ということになるし、裕福な階級の人は、ただの貴重な石として、高価な化石を床の間（西洋に床の間はないが）に飾っていたという。

　地層の古さによって代表的な化石の種類は決まっている。逆にいえば化石で地層の古さがわかる。その理屈に初めて気がついたのは、200年ほど前に活躍したウィリアム・スミスというイギリス人である。本当は進化論のダーウィンくらい偉い人なのだが、平凡な名前（日本でいえば「田中一郎」か）が災いしたのか、ダーウィンほど世間の人には知られていない。

　このウィリアム・スミス氏に注目して、スミス氏の生涯をたどる本を書いたのが、ノンフィクション作家、サイモン・ウィンチェスター（Simon Winchester）である。題して『世界を変えた地図』（*The Map That Changed the World*）という。

　サイモン・ウィンチェスターの作品では、『博士と狂人』が日本でも評判になったが、最近のウィンチェスターさんは、ビクトリア時代の知られざる偉人の生涯をたどることを仕事の中心に据えているようである。

　このスミス氏はどういう人かというと、生まれたのは1769年。父はオックスフォードシャーの鍛冶屋だったが、息子のスミス氏は土木作業の仕事について、運河の工事をしたり、井戸を掘ったりしていた。もちろん、学校に行ったわけではなく、地質学の知識も考古学の知識もなかった。しかし、井戸を掘れば化石が出る。運河を掘れば地層が露出する。やがて、化石の種類で地層の古さを決められることや、地層の広がりに一定のパターンがあることに気がつき、まったくの独学で、世界最初の地質図の作成を始める。それが今から二百数十年前、1801年のことである。

　しかし、アカデミズムの世界は鍛冶屋の息子に冷たく、スミス

サイモン・ウィンチェスター（1944-）の本は、『博士と狂人』(英国版は *The Surgeon of Crowthorne*『クローソンの軍医』という）のほかに、香港返還テーマのフィクション『太平洋の悪夢』が翻訳されている。1966年に大学（オックスフォード）を卒業してから、ジャーナリズムの世界で働き、記者として世界を見て回ったという。本書 *The Map That Changed the World* は、2001年に Viking 社からハードカバーが出て、2002年に Penguin のペーパーバックになった。『世界を変えた地図 ウィリアム・スミスと地質学の誕生』という題で翻訳（早川書房）が出ている。

氏は孤立無援になって、職を失い、借金が返せずに刑務所に入れられたりする。その苦しい生活で、新たな不幸が彼を襲った。妻が発狂した。色情狂だという。しかし、その悲劇にも負けず、スミス氏は執念で世界初の地質図を完成させる。1815年8月1日のことである。

　ここでまたスミス氏はとんでもない運命に見舞われる。苦心の地質図が心ない地質学者に盗まれて、その学者の業績として世に出てしまうのである。

意外にビクトリア時代は公正だった？
スミス氏はやがて名誉を回復

　こういったスミス氏の生涯と平行して、この本では、化石・地質学にかかわった多くの人のエピソードも紹介されている。

　たとえば、天才化石少女と呼ばれたメアリ・アニングという女性がいる。この女性はスミス氏と同時代の人で、ライム・リージスというドーセットの海辺の町に住んでいた。そして、近所に、

たまたま化石の採れる崖があった。魚竜や首長竜や翼手竜の化石といえば、マニアには垂涎の的だが、そういった化石を世界で最初に発見したのがこのアニングさんである。しかし、スミス氏と同じように、アニングさんもそれほど幸福な生涯を送ったわけではない。

For a while this untutored young woman made a sizeable income, either by selling fossils to visitors – for whom Lyme Regis is still a major tourist centre – or leading would-be collectors to the cliffs to find specimens for themselves. The names of her customers are like a roll-call of the leading geologists of the day – William Conybeare, Sir Henry de la Bache (who lived near by), Dean William Buckland. But slowly the popular craze for collecting began to wane, and by 1847, when Mary Anning died at the age of forty-eight of breast cancer, she had been all but forgotten, and had passed into obscurity.

　正式な教育を受けていないこの若い女性は、しばらくのあいだかなりの収入を得ることになった。観光客に化石を売ったり ―― このライム・リージスは今でもリゾート地として名高い ―― 化石収集家と称する人々を崖に案内して自分でそこを掘らせたりしたのである。彼女の顧客には、ウィリアム・コニベア、サー・ヘンリー・デラベシュ（近隣の住人でもあった）、聖職者でもあるウィリアム・バックランドなど、当時の高名な地質学者が揃っていた。だが、一般の化石収集熱は徐々にさめ、1847年、乳癌によって48歳で世を去ったとき、メアリ・アニングはすっかり忘れ去られ、過去の人になっていた。

しかし、ビクトリア時代のイギリスは、けっこう公平な社会で
あった。この一節に名前の出てくる地質学者ヘンリー・デラベシ
ュが、アニングさんの功績を後世に伝えてくれたおかげで、その
名前は歴史に埋もれずにすんだのである。

　スミス氏の場合も同じで、いったんは業績が盗まれたものの、
スミス氏のことを知っている学者が不正に気がつき、名誉は回復
される。そして、1831年、ロンドン地質学会からウォラストン
賞という賞を受けるのである。

　スミス氏の作成した「世界を変えた地図（地質図）」は、今でも
ロンドンのバーリントン・ハウス（ピカデリーのそばにある）に
飾られているそうである。息を呑むほどきれいな地図らしいので、
ぜひ見てみたいと思っている。

書籍情報

The Map That Changed the World, Simon Winchester, Harper Perennial刊
『世界を変えた地図』サイモン・ウィンチェスター著、野中邦子訳／早川書房刊

5章

エッセイ、旅行記

読書は地図のない旅を
するのにも似ている……

パタゴニアへの
強い憧れが生んだ
傑作旅行記

In Patagonia

by Bruce Chatwin

『パタゴニアにて』

ブルース・チャトウィン

本の世界には、欧米で非常に人気があるのに、日本ではいっこうに紹介されないジャンルがある。詩もその一つだが、これは、まあ、言葉の違いがあるので仕方ないともいえる。たいがいの詩は、別の国の言葉に翻訳すると、あまり面白くなくなるものだ。

　もう一つ、旅行記というのもなかなか翻訳されないし、翻訳が出ても、ただちにベストセラーになるというわけにはいかない。もっとも、この分野には根強いファンがいて、静かに読み継がれてゆくこともある。ヘディンの『さまよえる湖』という中央アジア旅行記がそのいい例だろうし、世界中を鉄道で旅行するポール・セルーの『鉄道大バザール』もかつて翻訳されて、鉄道マニアのあいだで評判になった。

　欧米の読書界では、ノンフィクションの一部に旅行記というジャンルが確立していて、年末になると、「今年評判になった旅行記は何か？」などという特集が読書人向けの雑誌で組まれたりす

る。

　ブルース・チャトウィン（Bruce Chatwin）というイギリスの作
家は、小説やエッセイでも有名だが、デビュー作は、『パタゴニ
アにて』(*In Patagonia*)という旅行記である。1977年、その本が
出版されたときには、「十年に一冊出るか出ないかの傑作旅行記」
と大評判になった。かなり古い本だが、ペーパーバックで新版も
出ていることだし、現代の旅行記の代表として紹介してみたい。

　パタゴニアというのは、アルゼンチン南部の高原で、南アメリ
カ大陸の南端部にあたる。ほかの土地では見られない不思議な動
植物が生息していることでも知られている。日本人の手によるパ
タゴニア旅行記や写真集も出ているので、馴染みのあるかたもい
るのではないだろうか。この『パタゴニアにて』の冒頭は、次の
ように書かれている。

**In my grandmother's dining-room there was a glass-fronted
cabinet and in the cabinet a piece of skin. It was a small piece
only, but thick and leathery, with strands of coarse, reddish
hair. It was stuck to a card with a rusty pin. On the card was
some writing in faded black ink, but I was too young then to
read.**

'What's that?'

'A piece of brontosaurus.'

**My mother knew the names of two prehistoric animals,
the brontosaurus and the mammoth. She knew it was not a
mammoth. Mammoths came from Siberia.**

　祖母の食堂にガラスのキャビネットがあって、その中に動物の
皮が入っていた。小さな断片だったが、なめし革のような分厚い

皮膚で、赤みがかった毛もまばらに生えていた。皮は錆びたピンでカードに留められていた。カードには褪せた黒インクで字が書いてあったが、幼いぼくには読めなかった。

「あれ何？」

「ブロントサウルスだよ」

母は先史時代の動物の名前を二つ知っていた。ブロントサウルス（雷竜）とマンモスだ。それがマンモスでないことは母にもわかっていた。マンモスはシベリアに住んでいる。

これは少年時代の思い出で、そのブロントサウルスの皮（化石ではなく、生皮である）はパタゴニアの氷河で発見されたものだという。そこで、チャトウィン少年は、古代の爬虫類がまだ生きているかもしれないパタゴニアという土地にいたくあこがれることになる。

氷漬けのブロントサウルスを発見したのは、チャトウィンの祖父のいとこに当たる人物。記念にお祖父さんが皮の一部をもらったのである。地図で見ると、パタゴニアのすぐ横に、イギリスの植民地、フォークランド諸島がある。パタゴニア近辺は、イギリス人にとって、決して馴染みのないところではなかったのだ。

成長したチャトウィンは、イギリスの新聞〈サンデー・タイムズ〉の記者になるが、漂泊の思いやまず、1975年、出張先から会社に一通の電報を送って、そのまま新聞社を辞めてしまう。電報にはこう書かれていた。

「半年間、ちょっとパタゴニアを見てきます」

その旅行の成果が、2年後に発表された『パタゴニアにて』である。

ブルース・チャトウィンは、1940年、イギリスのシェフィ
ールドで生まれた。大学には進まず、本文でも触れたよう
に、サザビーズに入社。使い走りから始めて、やがて最年少
の学芸員になり、そのあと新聞記者を経て作家になる。生
涯に6冊の本を書いた人だが、そのすべてがPicadorや
Penguinのペーパーバックになっている。『パタゴニア』と
いう題で翻訳（めるくまーる、河出文庫）が出ている。遺作
のエッセイ集にWhat Am I Doing Here?があって、これに
も翻訳がある。『どうして僕はこんなところに』（角川書店）
である。

簡潔で含蓄ある文体の旅行記には
さいはての地に暮らす人々も登場

　文章の書き方についてはヘミングウェイの影響を受けたと著者
自身がのちに別のエッセイで語っているが、先ほどの引用からも
わかるように、チャトウィンの文体は簡潔で含蓄がある。読んで
いて、リズムが心地よい。旅行記も、いわゆる文学の一種なので、
文章がうまいというのは大事なことなのである。

　チャトウィンのパタゴニア旅行は、珍しい動植物へのあこがれ
から始まったのだが、旅を続けるうちに、そのさいはての地に暮
らす人々への興味もかきたてられてゆく。その高原の人々は、文
明人の尺度では測れない生き方をしている。現地の人だけでなく、
ヨーロッパから移り住んできた世捨て人もいる。素晴らしい旅行
記とは、自然への興味と人間への興味が一体となって生まれるも
のだろう。

　ブルース・チャトウィンという作家は、それ以後、未開の土地

を放浪して回った。アフリカの本も書いているし、砂漠の遊牧民の本も書いている。オーストラリアの原住民についての小説もある。彼にはもう一つ得意な分野があって、美術品の世界にも詳しい。というのも、新聞記者になる前、美術品の競売屋として有名なサザビーズに勤めていたからである。1988年には美術品のコレクターを題材にした小説『ウッツ』（*Utz*、人の名前）を書いて、ブッカー賞の候補になった（オランダ人の映画監督ジョルジュ・シュルイツァーが手がけた映画『マイセン幻影』の原作でもある）。

　ところが、チャトウィンは奇妙な熱病にかかり、その頃からだんだん衰弱してゆく。辺境を放浪しているうちに、どこかの風土病に冒されてしまったらしいのである。チャトウィンは、フランスのニース郊外で病院に入るが、薬石効なく、89年の1月17日、ついに死んでしまう。まだ46歳の若さだったが、彼の遺した本は、古典としてこの先も読み継がれてゆくことだろう。

書籍情報

In Patagonia, Bruce Chatwin, Penguin Classics 刊
『パタゴニア』ブルース・チャトウィン著、芹沢真理子訳／河出文庫

大作家の妹にして
下宿屋の女主人が書いた
英国下宿屋繁盛記

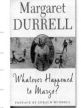

Whatever Happened to Margo?

by Margaret Durrell

『何がマーゴに起こったか?』

マーガレット・ダレル

英米の小説を読んでいると、「下宿屋」というのがよく登場する。

　今の日本では、学生さえ下宿しなくなったようだし（だいたいワンルームマンションに住む）、英米でもたぶん「下宿屋」は少なくなっていると思うが、ちょっと古めの小説には、その下宿屋が舞台になった作品もたくさんある。

　たとえば、エリザベス・フェラーズという英国の女性作家が書いた古いミステリ『私が見たと蝿は言う』（妙な題名だが、これはマザーグースの童謡の一節から取られている）には、「十号館」というロンドンの下宿屋が出てきて、殺人事件の舞台になる。

　小説に出てくる下宿屋には、たいがい奇人変人が住んでいるのだが、この十号館にも、怪しげなジャーナリストとか、建築家とか、画家とか、一癖も二癖もある人物が間借りしていて、誰もが殺人事件の容疑者になる。

　しかし、世界で一番有名な下宿人は、ベーカー街にあるハドソ

ン夫人の下宿屋に住んでいるシャーロック・ホームズだろう。その
シャーロック・ホームズの時代から、第二次世界大戦後の1950
年代あたりまでが、英国の下宿屋の全盛期であったらしい。

　そして、下宿屋にはたいがい女主人（landlady）がいる。下宿
人ばかりでなく、この女主人にも奇人が多い。少なくとも、小説
ではそういうふうに描かれている。たとえば、英国の作家ロアル
ド・ダールに、そのものずばりの「女主人」というブラック・ユ
ーモアの短篇があるが（『キスキス』という短篇集に入っている）、
その小説に出てくる下宿屋の女主人は、ハンサムな若い下宿人を
殺し、剥製にして飾る趣味のもち主なのだ。

　女主人ではなく、下宿人を主役にした作品には、同じく英国の
作家ベロック・ローンズの『下宿人』というのがあり、この下宿
人は、実は女性ばかりを狙う連続殺人犯なのである。

　というわけで、私は、昔から英米の、とくに英国の下宿屋とい
うものに興味があった。そして、下宿屋をテーマにした面白いノ
ンフィクションがあったら読みたいと思っていた。そんなところ
に、『何がマーゴに起こったか？』（*Whatever Happened to
Margo?*）という本が現れたのだ。題名からは何の本なのかわか
らないかもしれないが、実は、これ、下宿のおばさんが書いた下
宿屋の思い出話なのである。

叔母の勧めで下宿屋を始めたマーゴ。
シングルマザーの自伝としても面白い

　著者は、マーゴことマーガレット・ダレル。彼女は、イングラ
ンド南部の海岸沿いの町、ボーンマスで下宿屋を経営していた。
その商売を始めたきっかけは、ペイシャンスという年老いた独身
の叔母さんに勧められたからだという。

1919年生まれのマーガレット・ダレルは、51歳のときに
この原稿を書いた。そしてそのまま屋根裏に放り込んで自
分ではもう見向きもしなかった。その30年後、孫娘が偶然、
原稿を見つけ、1995年に初めて刊行されたのがこの本で
ある。ペーパーバックは、翌96年にWarner Booksから発
行された。初版刊行時、著者は八十を過ぎて健在だったが、
2007年に亡くなっている。弟のジェラルドは、この本の序
文を書いてすぐに世を去った。兄のロレンスは1990年に
亡くなっている。

**The year was 1947, the place was suburban Bournemouth
and the idea had started with a telephone call from my Aunt
Patience, a formidable spinster who had rung the family home
in Bournemouth to announce her impending visit ... (中略) ...
I had returned home for a spell, after an adventure both into
marriage and exciting travels to faraway countries and now,
undecided what to do next, I was, in fact, in limbo.**

　時は1947年。場所はボーンマス。その思いつきは、ペイシャン
ス叔母さんの電話から始まった。独身を通してきたその手強い叔
母は、近々そちらにお邪魔したいと、ボーンマスの我が家に電話
をかけてきた。……そのとき、わたしは、いっとき、その家に帰っ
てきていた。結婚という冒険をして、遠くの国への胸躍る旅もし
て、そのあと何をしたらいいかわからなかったわたしは、はっき
りいうと、宙ぶらりんの状態にあった。

　あからさまにいうと、マーゴは離婚して実家に帰ってきている。

しかも、幼い子供を二人抱えている。そんなマーゴに、叔母さんはこう助言する。

「それだったら、あなた、下宿屋を始めなさいな。そんじょそこらにある下宿屋じゃなくて、生活の基礎になるような、しっかりした下宿屋を。もう結婚なんかしちゃ駄目よ。あんなものは、生活の基礎にもならないし、ぜんぜんしっかりしてないんだから」

というわけで、マーゴはボーンマスで手頃な物件を探し、下宿屋を開業することになる。

先に引用した原文を見てもわかるように、この下宿屋のおばさんは文章がうまい。実は、このマーゴは、『アレクサンドリア四部作』で有名な純文学作家ローレンス・ダレル（3章で伝記を紹介）の妹であり、『積みすぎた箱船』や『鳥とけものと親類たち』などで知られる動物学者ジェラルド・ダレルのお姉さんなのである。こういう文才のある下宿のおばさんがいたことは、われわれ下宿屋文学ファンにとって幸運なことだといわねばなるまい。

で、嘘のような話だが、このマーゴの下宿屋にも、まるで小説に出てくるような奇人変人ばかり集まるようになる。

たとえば、ヌードの絵ばかり描いているいかがわしい画家、マルタ島出身のゲイ、いやに威張った煉瓦職人など……。

おかしいのは、動物学者の卵だったジェラルドが、チンパンジーだの、小鳥だの、鰐の剥製だの、いろいろな動物や標本を持って姉の下宿屋をしょっちゅう訪ねてくることで（人呼んで、「ジェラルドの移動動物園」）、そのたびに大騒動が巻き起こるのである。ジェラルド・ダレルの愛読者なら、こういうエピソードにも興味があるだろう。

そして、下宿人の中には、売れないトロンボーン吹きもいて、下宿のおばさん、とはいいながら、まだ若いマーゴは、そのトロ

ンボーン吹きに惹かれて恋をする。

　そんなわけで、イギリスの下宿屋のことを知りたい人には興味の尽きない本だろうし、たとえ興味がなくても、一人の普通の女性の自伝としても実によく書けている本である。

書籍情報

Whatever Happened to Margo?, Margaret Durrell, Time Warner Books 刊

NYで古書店を
50年以上営んできた
女性二人の共同自伝

Old Books, Rare Friends

by Leona Rostenberg & Madeleine Stern

『古い本、稀な友情』

レオナ・ロステンバーグ、マドリン・スターン

1 975年に、*Louisa May Alcott Unmasked: Collected Thrillers* という本が出た。仮にタイトルを訳すとすれば、『仮面を脱がされたルイーザ・メイ・オールコット ── スリラー集成』という本である。題名どおり、これは、スリラー小説、今でいうミステリやホラーの短篇集だが、作者がルイーザ・メイ・オールコットだというので話題になった。

ご承知のとおり、オールコットは、『若草物語』などの少女小説で有名な19世紀の女性作家で、そんな人（お父さんは厳格な教育者）が血みどろのスリラーを書いていた、という意外性が人を驚かせたのである。

その事実がこれまで知られていなかったのは、その手の小説を書くときのオールコットが各種のペンネームを使い分けていたからだが、古い雑誌を丹念に調べ、そのペンネームを一つひとつ突き止める、という根気のいる作業を行った末にまとめられた本だから、「仮面を脱がされた（ペンネームを明かされた）ルイーザ・

メイ・オールコット」という題名になっている。

　そのオールコットのスリラー集成をつくった人──古雑誌を調べ、ペンネームを突き止め、校訂を行って、埋もれていた作品を掘り起こした人は、編纂者としてその本に名前が記されている。それがマドリン・B・スターン（Madeleine B. Stern）という女性である。

　そういう作業をする人は、普通、書誌学者と呼ばれる。このマドリンさんの名前を見たとき、きっと名のある書誌学者で、どこかの大学の先生なのだろう、と最初は思った。ところが、そうではなかった。マドリンさんは古本屋の店主だったのである。

　つまり、こういうことになる。マドリンさん（1912年生まれで、2007年に亡くなった）は、女学生の頃からオールコットの作品に魅せられ、『若草物語』をはじめとする全作品を読もうとしていた。卒論にもオールコットなど19世紀アメリカの女性作家を取り上げた。

　長じて、マドリンさんは古本の店を開いたが、その選択の裏にも、古本や古雑誌の流通に関わっていれば、オールコットの知られていない作品を発見できるかもしれない、という考えが働いていた。その50年間の研究の成果が、『仮面を脱がされたルイーザ・メイ・オールコット──スリラー集成』だったのである。

　古書店主で作家の出久根達郎さんが、古本屋は原稿を書かない書誌学者である、という意味のことを書いていらっしゃったが、マドリンさんの場合は古本屋で原稿も書く書誌学者だといえるだろう。

　大不況の時代、1930年代に女子大に入ったマドリンさんは、大学院にいた3歳年上の女学生と知り合いになり、意気投合する。その女学生の名前は、レオナ・ロステンバーグ（Leona Rostenberg）という。おたがいに文学を愛し、古本を愛する二人

は、それ以来、終生の友になる。マドリンさんは19世紀アメリカの女性作家を研究していたが、レオナさんのほうは17世紀のイギリスが専門で、版画や切手など、当時の印刷物全般に造詣が深かった。どちらもドイツ系移民の娘だという事実も、親しみを覚えるきっかけになった。

　やがて、二人は、第二次大戦後、ニューヨークで一緒に古本屋を開くことになる。以後、50年にわたって、90歳近くまで、ずっと一緒にいたという（レオナさんは2005年に死去）。

　──などということを知ったのは、二人が共同で書いた自伝、『古い本、稀な友情』（*Old Books, Rare Friends*）を読んだからである。

本を愛する女性二人が意気投合し　古書店主、学者として活躍

　この本は、二人の共著で、各章をレオナさんとマドリンさんが交互に書いている。もちろん、少女時代の話は二人別々だが、大学時代からは同じ道を歩いているので、著者が二人いる自伝という珍しい書物ができあがった。

　二人とも古書店主兼学者で、それぞれに単独でも著書を出版しているから、文章は立派なものである。読みやすくて含蓄がある。

　レオナさんのほうは、70年代の初めに、アメリカの古書連盟の会長という要職を務めた。歴代の会長で女性はこれまでに二人しかいないそうである。この「共同自伝」も、レオナさんの会長時代の思い出でクライマックスを迎える。それによると、一番誇らしかったのは、日本で開かれた古書連盟の国際大会に出席したときのことだという。

The climax of my tenure was reached in a remote city halfway across the globe–Tokyo. It was there that the biennial congress of the International League of Antiquarian Booksellers, hosted by the Japanese Association, was held in the autumn of 1973. When I was informed of this, my reaction was a mixture of excitement, anxiety, and eagerness. Knowing that each national president was expected to deliver a thank-you address at the farewell banquet, I casually remarked to Madeleine, "I wish I could deliver mine in Japanese."

　わたしの在職期間は、地球の裏側の遠い都市、東京でクライマックスに達しました。国際古書連盟の2年に一度の大会が、1973年の秋に日本の連盟の主催で開かれることになったのです。そのことを知らされたとき、わたしは、興奮と不安と待ち遠しい気分とを同時に味わいました。お別れパーティでは各国の代表者が感謝のスピーチをすることになっていたので、わたしは何の気なしにマドリンにこういいました。「そのスピーチ、日本語でやりたい

わ」

（なんとなく「ですます」調で訳したくなる文章である）

　レオナさんは、日本語のレッスン・レコードを買い、ニューヨークに住む日本人の協力も得て、立派に日本語のスピーチを完成させた。そして、「日本の皇帝の弟」（高松宮か？）の前で、見事なスピーチを行うのである。

　充実した人生を送ってきた人の自伝は、読後感がすがすがしく、人を勇気づけてくれる。

書籍情報

Old Books, Rare Friends, Leona Rostenberg & Madeleine Stern, Main Street Books
刊

英国の古き良き価値観が
消失した時代に書かれた
ある家族の歴史

The Scent of Dried Roses

by Tim Lott

『乾燥した薔薇の香り』

ティム・ロット

近頃は、テレビを見ても、本を読んでも、感動が安易に語られているようである。いつだったか、テレビで横溝正史（お馴染み『獄門島』や『八つ墓村』の作者）の生涯を紹介する番組をやっていたが、複雑な家庭環境を克服して名作を書き続けた感動の人生、という切り口だった。泣くようなものではないと思うが、スタジオのゲストの中には泣いている人もいた。

鳥肌が立つ、という表現は、寒さや恐怖や嫌悪を覚えたときの常套句だが、最近では感動したときにも「鳥肌が立ちました」という。ベストセラーになる本は「壮絶人生もの」ばかり、という時期もあった。嘘っぽいぞ、などといっても始まらないが、何かこう、今の日本人には、感動したいという生理的欲求があるように思われる。

感動的といわれる映画もそうだが、あらかじめ敷かれたレールの先に用意された感動など、冗談のようなものである。まともな人間なら笑うしかない。こういう風潮を苦々しく思っている方々

のために、今回はティム・ロット（Tim Lott、以下「ティムくん」と表記する）の『乾燥した薔薇の香り』（*The Scent of Dried Roses*）を紹介してみたい。

この本は自伝に分類される。しかし、自分のことだけでなく、父や母のたどってきた道も詳しく書かれている。つまり、ある家族の歴史というわけだが、書き出しはかなりショッキングだ。

著者のティムくんは、London School of Economics（ロンドン大学のコレッジの一つで、経済学の名門校）を卒業し、さまざまな事業を興した青年実業家の経歴をもつ。時はサッチャー政権下の下克上バブルの時代。面白いように儲けることができたが、浮き沈みも激しく、やがてすっからかんになって、精神に異常をきたし、絶えず自殺を考えるようになる。いや、実際に何度か自殺未遂をする。家族の協力、特に母の力を得て、ティムくんはようやく自殺願望を克服する。ところが、その直後、母親が寝室で首を吊って自殺するのである。「ぼくが立ち直ったとたんに、その立ち直りに力を貸してくれた母親が自殺するとは、いったいどういうことなんだ？」と、激しい衝撃を受けたティムくんは、自分の過去を振り返り、両親の過去を振り返ることで、心の傷を癒そうとする。その記録がこの本なのである。

古い価値観を省みないサッチャー時代の英国に耐えられなかった母

こう書くと、例の「壮絶人生もの」のようだが、ここで描かれているのは、ごく普通のイギリス人の、戦中から戦後にかけての生活である。だが、われわれはその結末——母の自殺——を最初から知らされているので、ある種の痛ましい感情を抱きながら読み進めることになる。

ティム・ロットは1956年生まれ。テレビ局に勤めていると
きに書いた本書、*The Scent of Dried Roses*で、J・R・アッ
カレー記念自伝文学賞を受賞した。のちに小説家に転じ、
1999年に最初の長篇(青春小説)*White City Blue*を発表す
る。これも好評で、〈最初の長篇部門〉でホイットブレッド
賞を受賞。本書は、1996年にViking社からハードカバーで
出版され、1997年に系列会社のPenguinからペーパーバッ
クが出た。

　簡単にいえば、古い英国の価値観をもった夫婦が、スエズ動乱
(1956年)後の社会不安やサッチャー革命(1980年代)などを経
て、次第に世の中からずれてゆく様子が、淡々と描かれているの
だ。息子(二人兄弟の次男)のティムくんは、80年代に社会に出
た新しい世代なので、父母と価値観を共有することができず、そ
のことが母を傷つけ、みずからも大いに傷つく。

　結末近くの、ティムくんが再生するくだりは、次のように書か
れている。

And now I am changing. Whether it is as a result of my
mother's death or my own breakdown, I do not know. I have
lost the childish conviction that the world is subject to my
desires, and I know I must give it its due. In other words, I
begin to understand what my father has always understood:
that life has a shape that we must know through a sort of
secular faith and must then try to trace.

And so I wait, hopefully, instead of smashing myself—as I

once did—against sheer cliffs of circumstance. I try to have a little bit of faith. I risk a little bit of hope, even. And sure enough, six months after my mother's death, I am selected from several thousand applicants for a job as a researcher with a television company. Within two months of taking it on, I am made a producer and am running my own morning art news programme for Channel Four.

　今、ぼくは変わろうとしている。母が死んだせいなのか、ぼく自身の神経衰弱の結果なのか、それはわからない。世界が自分の欲望のままになるという子供じみた確信を、ぼくは失った。そして、世界がどのようなものであってもそのまま認めてやらなければならないことをぼくは知っている。いい換えれば、父がいつも理解していたことを、ぼくもようやく理解し始めたのである。つまり、人生には一つのかたちがあり、信じることによってそのかたちを知り、それをなぞる努力をしなければならない、ということを。

　こうしてぼくは待っている。うまくいくことを期待して。前にやったように、切り立った状況の断崖に自分自身をぶっつけるのではなく、ただ待つこと。少しは信じようともした。危険を省みず、希望さえもとうとした。するとどうだろう、母が死んで6か月後、ぼくは数千人の志願者から選ばれて、あるテレビ会社のリサーチャーの職を得た。しかも、その仕事を始めて2か月もたたないうちにプロデューサーになり、今ではチャンネル・フォーで朝の芸術ニュース番組を担当している。

　古いイギリスの価値観で生きてきた父と母。それに反発したティムくんは神経衰弱になり、結局、父と同じ価値観を信じること

で救われる。ところが、古い価値を省みず、ひたすらグローバル化に突き進む新しいイギリスに母は対応することができず、自死を選ぶ。

　もちろん、その悲しい話の背後には、古き良きイギリスが次第に干からびていって、一つの終焉を迎える物語が見え隠れしている。薔薇の花はイギリスの象徴だから、『乾燥した薔薇の香り』という題名には、すでに干からびてしまった懐かしいイギリスのイメージも込められているのだろう。これだけの社会的・時間的広がりや省察の深みがある「壮絶人生もの」はめったにない。

　さて、ティムくんはこうしてテレビのプロデューサーになったが、それが彼の人生の目的であったわけではない。ティムくんは作家になりたかったのであり、この本を書くことによってその目的を達成したのである。

書籍情報

The Scent of Dried Roses, Tim Lott, Penguin Classics刊

ノルウェージャズ界の
名物女性ライターと
大物演奏家たちの交遊録

Born Under the Sign of Jazz

by Randi Hultin

『ジャズの徴のもとに生まれて』

ランディ・ハルティン

ジャズという音楽は、一度聴いただけですぐに理解できるものではない。テーマのメロディは親しみやすいのに、アドリブ・コーラスが始まったとたん、わけがわからなくなる、ということもよくある。それでも、妙に面白そうだとか、なんとなくかっこよさそうだとか、どこか引っかかるものがあって、何度か聴いているうちに、つい深みにはまってしまう、というのが、たいがいのジャズ・ファンのたどる道であるらしい。

今回の主役、ランディ・ハルティンさん（Randi Hultin、女性です）も、最初はジャズがさっぱりわからなかったという。ノルウェーのあまり裕福ではない家庭に生まれたランディさんは、十四、五の頃から働きながら学校に通い、タイプや速記や簿記の勉強をしていた。本当は画家になりたかったのだが、生活のために秘書の仕事もできるようになりたい、と思ったからである。

16歳で社会人になったランディさんは、希望どおり秘書の仕事を始めたが、やがて軍関係のオフィスで働くようになる。第二

次世界大戦中の話である。同じ建物に、陸軍野戦演劇隊（慰問を担当する部隊）の事務所もあり、そこでランディさんはさまざまな音楽関係者と知り合うようになる。その中に、トール・ハルティンというピアニストがいた。

トールの弾くベートーベンの月光ソナタにうっとりしたランディさんは、トールと交際を始め、1947年に結婚する。この夫は、ベートーベンだけでなく、ジャズも弾くピアニストだったが、ランディさんはジャズのどこが面白いのかさっぱりわからなかった。理解するのに6年かかったそうである。

ところが、一度理解すると面白くてたまらなくなり、どっぷりジャズにひたったランディさんは、1956年からジャズ・ライターになり、ついにはノルウェー・ジャズ界の名物おばさんと呼ばれるまでになった。本場、アメリカのジャズメンの信望も厚く、1988年にはランディさんを称えるジャズ・コンサートがニューヨークで開催されている。

そのランディさんの自伝が、『ジャズの徴のもとに生まれて』（*Born Under the Sign of Jazz*）である。自伝といっても、ジャズ・ミュージシャンとの交友録が大半を占めていて、ファンには興味津々のエピソードが満載されている。ノルウェーを訪れたジャズ演奏家がランディ邸を訪れるのは、1950年代からの恒例なのである。ちなみに、日本人では、渡辺貞夫や日野皓正がランディ邸の客になっている。

60年代後半、アメリカはロック全盛となり 有名ジャズ演奏家たちはヨーロッパへ

ソニー・クラーク、ビル・エヴァンス、ハンプトン・ホーズ、ソニー・ロリンズ、スタン・ゲッツ、フィル・ウッズ、ケニー・

ドーハム、ディジー・ガレスピーなど、たいていの大物ジャズメンはこの本に登場する。実は60年代後半からの約20年間、本国アメリカではロックが栄えて、ジャズメンの仕事の場がなくなり、娯楽としてだけでなく音楽としてもジャズを大事にするヨーロッパに大物が次々に渡っていった、という事情もあって、これだけの面子が揃ったのである。

どのジャズ演奏家もよき友人として描かれているが、ただ一人、悪口を書かれてしまった大物がいる。ピアニストのキース・ジャレットである。キースは何度かランディ邸を訪れているが、売り出し中だった60年代のキースは、ランディ邸のピアノでスウィング・ジャズを演奏したお茶目な若者として好意的に紹介されている。念のために説明しておけば、キース・ジャレットがスウィング・ジャズを演奏するのは──変なたとえだが──宇多田ヒカルが「うそつき鴎」(注・小林幸子のデビュー曲)を歌うようなものである。

ところが、その20年後、世界的な人気ピアニストになってノルウェーにやってきたキースは、いやなやつになっていた。

I had heard that Keith had changed, but I thought I knew him well enough that he would be happy to see me if I met him at the airport. Perhaps he would say a few words for the TV news reporters if I could get him to stop and say hello. I normally don't meet musicians at airports, but this time I wanted to make an exception, just to surprise Keith.

He arrived in a private jet – and he descended the boarding ramp walking backwards, face away from the cameras. When he approached the little girl dressed in her national costume who was to hand him a welcome bouquet, he snatched the

本書には、おまけとしてCDがついている。ランディ邸を訪れたジャズメンが遊びで演奏した曲をテープに採ったプライベート音源から、ランディさんのコメントつきで、約20曲が紹介されているのである。ズート・シムズとノルウェーのジャズメンとのセッションとか、フィル・ウッズの歌（ランディさんに捧げる自作曲の弾き語り）とか、1954年のソニー・クラークのソロ・ピアノとか、珍しい録音がたくさん入っている。本書は英国のSanctuary Publishingという出版社から1998年に出版された。値段は£12.99だったが、CDつきでこの値段なら安い。

flowers from her hand and hurried to get into a waiting car. I touched him on the shoulder.

"Keith, don't you remember me? It's Randi."

"Yes, I do. Not now," he barked, without turning around to look at me.

I made no further attempts to meet him during the festival.

キースが変わったという噂は聞いていたが、よく知っている間柄なので、空港で迎えれば喜んでもらえると思っていた。呼び止めて言葉を交わせば、TVのレポーターに向けてコメントも出してもらえるかもしれない。いつもなら空港でミュージシャンと会うことはないのだが、今回は特例で、キースをびっくりさせたかった。

キースはプライベート・ジェットで到着した。そして、カメラから顔を背け、うしろむきにタラップを降りてきた。歓迎の花束を渡す役目の、民族衣装をまとった少女のそばに近づいたとき、キースはその花を引ったくり、待っている自動車に駆け寄ろうと

した。私は彼の肩に手を置いた。

「キース、忘れたの、ランディよ」

「憶えてるが、それがどうした。今は駄目だ」こちらを見もしないで、彼は怒鳴った。

フェスティヴァルのあいだ、キースに会おうという気は起こらなかった。

キース・ジャレットはたまたま機嫌が悪かったのだと思うが（持病の腰痛はすでに出ていたはず）、このエピソードにはランディさんの性格も表れていて（つまり、ただのお人好しではない）興味は尽きない。

書籍情報

Born Under the Sign of Jazz, Randi Hultin, Sanctuary Publishing 刊

村人たちへの聞き書きで
見事に記録された
変わりゆく村の肖像

Akenfield

by Ronald Blythe

『エイケンフィールド』

ロナルド・ブライズ

　　にも田舎があって、十年に一度くらいは帰省している。こ
私　のあいだ帰ったときには、がらりと風景が変わっていて驚
いた。子供の頃には、秋の穫り入れが終わると野武士の集団が襲
ってくるので、長老たちが集まって、腹の空いた侍を雇おうと相
談していたものだが（嘘）、いつのまにか町には高速道路が通り、
山が一つ、切り崩されて消滅していた。ハンミョウという虫がい
て、よく昆虫採集に出かけた山である。周辺には全国一律のファ
ミリー・レストランや家電量販店や中古書店やコンビニやパチン
コ屋ができていた。

　慣れ親しんだ場所が変わろうとしているとき、その面影をのち
の世まで残したいと思ったら、画家なら絵を描こうとするだろう
し、カメラマンなら写真を撮るだろう。そして、文章を書くのを
なりわいにしている者なら、そこに住んでいる人たちを訪ねてま
わり、聞いた話を書き留めておこうとするかもしれない。ロナル
ド・ブライズ（Ronald Blythe）さんの書いた『エイケンフィール

ド』（*Akenfield*）という本も、そうした事情でできた聞き書き集である。

イギリスのサフォークにあるのどかな村に住んでいたブライズさんは、のちに第二次農業革命と呼ばれるほどの転換期を迎えつつあった村を見て、その過去と現在の姿を言葉で残そうと思い立ち、住人の話を聞いて一冊の本にまとめた。村の人口は約300で、農業関係者は約80人。ほかには、パブの亭主や、庭師や、牧師や、獣医や、郵便局長や、ガソリンスタンドの店主や、保険屋や、教師や、鍛冶屋や、墓掘りなどがいて、この本にはそのうちの50人ほどの話が採録されている。いわば、言葉で綴った「あるイギリスの村の肖像」である。

小説のような味わいがある
村の果樹園で働く独身男が語った話

こういう本が面白いかどうかは、聞き手・書き手の文章力次第だが、詩人・短篇小説家でもあるブライズさんは、村人の話を生きいきと写し、まるで小説のように再構成している。

巻頭にあるのは The Survivors（生き残りたち）というセクションで、19世紀生まれの老人たちが主に村の過去を語る。巻末には、子供の頃から昆虫や動物のお葬式ごっこが好きだったという61歳の墓掘りが登場する。その話も面白いが（最後に「おれが死んだら火葬にしてくれ」という）、ここでは、真ん中あたりに登場する村の果樹園で働いている男、マイケル・プールが語った話を紹介しておこう。

マイケル・プールは37歳の独身男で、14歳のときから果樹園で働いている。文盲で読み書きはできない。

Summer was best. You'd get the women come and give you a look. You'd torment them and they'd torment you. There used to be a regular procession of old girls who'd bike up from Framlingham for the picking. When I was sixteen, one of these old girls came up to me in the orchard and said, 'Let me see your watch'.

夏が一番よかったな。女たちがやってきて、色目を使うんだ。からかったり、からかわれたりだ。年上の女たちが、実を摘むアルバイトで、フラムリンガムから自転車でぞろぞろやってくる。おれが十六のとき、果樹園にいたら、そんな女が一人寄ってきて、『時計、見せてよ』といった。

「時計、見せてよ」といって近づいてきた女は、翌日、もっと大胆になる。

The next morning, along she comes, straight to where I'm

about to start. Her arms were stuck out full length and she was all smiles. She got her mouth on my face and, my God, she must have thought it was her breakfast, or something.

　次の日の朝、おれが仕事を始めようとしていると、その女がずかずか近づいてきた。腕をまっすぐ前に伸ばして、にたにた笑ってたかと思うと、女はおれの顔にかぶりついた。なんだよ、おれはこいつの朝メシか、なんて思ったな。

　昼休みになって、「おれ」が刈った草の上に寝ころんで昼食をとっていると、またその女がやってくる。

'The coast is clear,' she says, and comes down on me like a ton of bricks. I couldn't see nothing but grass. There was such a rocking. I couldn't tell whether I was a babe or man.

　「しめしめ、誰もいないわ」そういうと、女は、むしゃぶりつくようにおれにおおいかぶさってきた。おれには草しか見えなかった。ずっこんばっこん。どっちが男だかわかりゃしねえ。

　仕事が終わり、女は友だちと連れ立って帰りながら、「おれ」をからかう。それを見ていた「おれ」の母親は、「うちの子を馬鹿にしないでおくれ。この子は古い時計と一緒で、ちゃんとネジさえ巻きゃ使いもんになるんだからね」といいかえす。
　最後は、次のような言葉で締めくくられている。

It was my first time.
Christ, that was a summer and no mistake.

それがおれの初体験だった

ちくしょう、あれは夏だったぜ。忘れるもんか。

　無知蒙昧の男が語る初体験の話だが、なんともおおらかで、洒落ている。

書籍情報

Akenfield, Ronald Blythe, Penguin Classics 刊

作家の父が息子と共に
日本へオタク文化探訪の
旅に出る

Wrong About Japan

by Peter Carey

『ニッポン大誤解』

ピーター・ケアリー

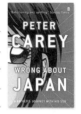

　ピーター・ケアリー（Peter Carey）はオーストラリアの作家で、『イリワッカー』『オスカーとルシンダ（ブッカー賞受賞）』『ケリー・ギャングの真実の歴史』といった代表作が訳されている。その割に、あまり知られていないのは、翻訳文学の読者でも、オーストラリアの歴史に密着した重厚な作風に抵抗があるせいかもしれない。重厚な作風といっても、ほら話系のユーモア小説にも分類できて、出世作の『イリワッカー』などは、139歳の詐欺師が語る偽オーストラリア史の体裁を取っている。『オスカーとルシンダ』は、レイフ・ファインズ、ケイト・ブランシェット主演で映画化されているので、ご存じのかたもいらっしゃるかもしれない。

　どの作品もかなり分厚くて、読み通すだけの時間が取れず、うちでは積ん読状態になっているが、2005年に新作が出たときには、以下の三つの点で、ちょっとびっくりした。まず、ほかの本と違って、かなり薄いこと。次に、小説ではなく、ノンフィクシ

ョンだったこと。そして、日本文化をテーマにしていたことである。題して、*Wrong About Japan*（訳せば『ニッポン大誤解』といった感じ）。この本もしばらく本棚の片隅で眠っていたが、たまたま手に取って、読み始めたら、つい引き込まれて、読みふけってしまった。

　簡単にいえば、2002年、ケアリーさんが息子を連れて日本に来たときの滞在記である。

　ケアリーさんは、故郷オーストラリアを離れ、ニューヨークに住んでいるが、12歳の息子、チャーリーのことを、ちょっと心配していた。チャーリーは無口で、あまり友だちもいないのだ。ところが、そんなチャーリーに近頃変化が表れた。アニメやマンガなどの日本文化にどっぷりはまっているらしいのである。ビデオ屋に行けば、『菊次郎の夏』とかいう映画を借りてくる。一度返しても、また借りてくる。毎晩、30分だけアメリカの純文学を読むのがチャーリーの日課だが、それが終わると、『AKIRA』とかいうマンガを読んでいる。もう6巻目に入っているらしい。

　ケアリーさんはもともと日本文化に興味があったので、息子とのコミュニケーションを深めるチャンスだと思い、勉強を始める。その成果が上がって、息子が『はだしのゲン』を読んでいると、こんなのもあるぞ、といって、スタジオ・ジブリの『火垂るの墓』を差し出せるくらいになっている。

　しまいには、チャーリーも、こんな話をするようになる。
「ねえ、パパ、もしペリー提督が日本に行かなかったら、原子爆弾は落とされなかったかなあ」
「うん、そうかもしれないね」
「だったら、ゴジラも生まれなかったことになるね」

ガンダムは侍ではなかった…。
父親の日本観は次々否定されることに

そのとき、ケアリーさんはこう思う。

The kid who would never talk in class was now brimming with new ideas he wasn't shy to discuss. I was excited by him and for him; and for myself too, because I'd already visited Japan twice and now realised I had a perfect pedagogic rationale for indulging my interest further.

"Would you like to go to Japan?" I asked.

"If you like," he said, so dry I couldn't believe it.

"I thought you'd be excited."

His lips flickered and he lowered his eyes. "Not if I have to see the Real Japan."

学校でひと言も口を利かなかった子が、今ではいろいろなことを考え、進んで議論をしようとしている。そのことに私は興奮したし、チャーリーのためにもいいことだと思った。それは、私にとってもいいことだった。なぜなら、私はすでに二度も日本に行っていて、もう一度行って興味を深めたいと思っていたが、そのための教育上の口実ができたからである。

「日本に行きたいかい？」私は尋ねた。

「まあね」まったく気のない返事だったので、私は信じられなかった。

「喜ぶかと思ったんだが」

唇が震え、チャーリーは目を伏せた。「〈本当の日本〉を見なき

ピーター・ケアリーは1943年オーストラリアのヴィクトリア州に生まれる。広告業界で仕事をしたあと、1981年に最初の長篇、*Bliss* を発表して作家活動に入る。これまでに長篇10作と短篇集4作がある。*Wrong About Japan* は2005年の出版で、同じく2005年、Faber & Faberからペーパーバックで出た。谷崎潤一郎の『陰影礼賛』を愛読するケアリーは、日本旅館に泊まって、まず最初に「厠」を見にいったら、ウォシュレットつきの西洋式便器だったので、がっかりしたそうである。

ゃいけないんだったら、いやだよ」

チャーリーのいう〈本当の日本〉とは、お寺や美術館や日本庭園のことで、それより彼はアニメの監督(ガンダムの富野由悠季やトトロの宮崎駿)に会ったり、秋葉原に行ったりすることを望んでいた。ケアリーさんの日本におけるエージェントが、『機動戦士ガンダム公式百科事典―GUNDAM OFFICIALS』を出版した講談社と縁があったこともさいわいして、アニメ関係者と会える段取りもつき、喜び勇んで二人は日本へと向かい、浅草(『菊次郎の夏』の影響か?)の日本旅館に宿を取って、オタク文化探訪の旅に出る。

ケアリーさんは日本通のつもりだったが、今度の旅で、自分が日本についてさまざまな誤解をしていたこと、自分の理解がまだ浅かったことを知る。

たとえば、日本人はガンダムを侍のイメージで見ているはずだ、と思い込んで、富野由悠季監督にその意見をぶっつけてみると、「そんなことありませんね」とあっさり否定される。ケアリーさ

んは、『火垂るの墓』が東京大空襲の話だと思い込んでいるよう
だし、『となりのトトロ』について別の日本人と語り合っていた
ときには、あれが過去の話、たぶん1950年代の話だということ
を聞かされて、愕然とする。

　ケアリーさんの日本に対する思い込みが、当の日本人によって、
次々に斬り捨てられる、というのが繰り返されて、一種のギャグ
になっているわけだが、それと並行して、もちろん、オーストラ
リア人の父と子が日本をさすらう物語（『菊次郎の夏』はこの伏線
か）も語られるのである。

　謎の日本人少年タカシというキャラクターも登場するが、出版
後、ケアリーさんがインタビューで語っていたところによると、
その部分はフィクションであるらしい。

書籍情報

Wrong About Japan, Peter Carey, Faber & Faber 刊

そして今日も本を読んでいる

「未来の古典」との評価も！
若手作家の深くて広い
作品世界に驚嘆

Normal People

by Sally Rooney

『ありふれた人々』

サリー・ルーニー

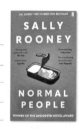

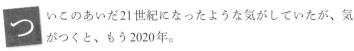ついこのあいだ21世紀になったような気がしていたが、気がつくと、もう2020年。

　本の世界もこの20年ですっかり景色が変わってしまった。たとえば、東京の書店事情を紹介した記事が数年前イギリスの週刊誌に載ったが、その中に次のような一節があった。

As most Tokyo residents commute by train and subway, you can see people reading physical books everywhere.

　physical books という表現が面白いが、昔の人だったら「物理学の本」と訳したかもしれない。もちろん、このフレーズは、「（電子書籍ではない）物質的な本」という意味で、上の一節は、

東京では電車や地下鉄を使って通勤する人が多いので、紙の本を読む人の姿はいたるところで見うけられる。

　という意味である。

　とはいえ、媒体は変わっても、冒頭から巻末に向かって読むことを前提にした本であれば、その内容に劇的な変化はない。面白そうな本は今でもたくさん出ている。

　イギリスの小説でいえば、BBC National Short Story Award（BBC 全国短篇賞）という文学賞がある。2005年に設立された賞で、当初は National Short Story Award（全国短篇賞）と呼ばれていたが、英国放送協会（BBC）がスポンサーになった2008年から今の名前になっている。新人、ベテランを問わず、イギリスの作家が書いた短篇小説を対象にしており（一般人でも応募できる）、1万5千ポンド（二百数十万円）という高額の賞金が与えられることでも知られている。最終選考に残った4編にもそれぞれ

600ポンドの賞金が出る。

　これを書いている時点で一番新しい受賞者は、Jo Lloyd（ジョー・ロイド）というウェールズの女性作家だが、受賞作の *The Invisible* という作品は、昔のウェールズを舞台にした民話風の作品で、見えないお屋敷に住む見えない一家が見えるといい張る女性の話である。

　試訳つきで冒頭を引用すれば、次のようになる。

Mr Ingram and his Invisible daughter Miss Ingram live close by, Martha tells us, in a grand, impractical mansion of the type the wealthy favour—except Invisible, of course— made from dressed stone the colour of spring cream, with a slate roof and glass in every window.

Is that so, we say.

　イングラムさんと目に見えない娘さんのミス・イングラムは、すぐそばに住んでらっしゃるのよ、とマーサはわたしたちにいう。だだっ広くて、あんまり実用的でない、お金持ちが好むようなお屋敷にね——もちろん、目に見えないけど——それは化粧石で出来てるの、ギョリュウモドキの花の色の。スレート葺きの屋根で、どの窓にもガラスがはまってるのよ。

　へえ、そうなの、とわたしたちはいう。

　ひとりの女性の「確信的な虚構」（小説家も確信的に虚構を語る）が周辺の人々の心を蝕んだり、活性化させたりする。そのため、小説による小説論という評価を得た作品だが、英語の小説として、従来と違う異色な書き方をしている。気がつきましたか？

　そう、会話の部分に引用符“　”がない、そして、現在形で書

いてある。

　イギリスでは今、女性作家の活躍が際立っているが、有望視されている若い女性作家は、たいがい、この「引用符なし現在形」の文体を採用している。

　1991年にアイルランドで生まれたサリー・ルーニー（Sally Rooney）も、この文体を操る作家である。ルーニーさんは、これまでに2冊の長篇を出版している。最初は『友人たちとの会話』（*Conversations with Friends*）で、これはルーニーさんが26歳のときの作品。2冊目は翌年に出た『ありふれた人々』（*Normal People*）。どちらも高く評価されているが、とくに2作目は「未来の古典」と評され、さっそく映像化されて、2020年の4月にBBCとHuluでリリース（もはや「放送」は死語）された。

> ## 「引用符なし現在形」の文体を操る
> ## イマドキの（？）女性作家が描くのは…

　これは、たがいに好き合っているコネルとマリアンという若い男女の、2011年から2015年までの4年間を描いたお話である。

　コネルは成績優秀だが、家が貧しい男の子。マリアンは、家はお金持ちだが、性格が地味で、冴えない女の子。コネルのお母さんは、マリアンの家で掃除婦をしているが、コネルはそのことに劣等感を抱いている。

　最初、高校生だった二人は、どちらもダブリン大学トリニティ・コレッジの学生になる。大学生になると、マリアンはサナギが蝶に変わるように、どんどん美人になって、校内の人気者になる。コネルのほうは、優等生によくあるように、自己評価と他人による評価とのずれに悩んで、だんだん追い詰められていく。

　こんなふうに、二人の関係の変化をそれぞれの視点から丁寧に

描いた作品だが、十七、八の男女の恋の行方といえば、日本の漫画でもお馴染みのテーマだし、古くは氷室冴子の『海がきこえる』のようなジュニア小説（これまた死語）もあった。しかし、驚くべきことに、こういう狭い世界が、読み進むうちに、社会的にも、思想的にも、どんどん深められ、広がっていくのである。ちゃらちゃらした高校生の話、そうでなければロミオとジュリエットみたいな悲恋の話かと思っていたら、見事に裏切られた。しかも、難しい言葉は一つも使わず、平易な文章を綴ってそれを成し遂げているのだ。最近、一番びっくりした小説である。

　ルーニーさんの「引用符なし現在形」の文章がどんな感じか、最後のところを引用しておこう。

She closes her eyes. He probably won't come back, she thinks. Or he will, differently. What they have now they can never have back again. But for her the pain of loneliness will be nothing to the pain that she used to feel, of being unworthy. He brought her goodness like a gift and now it belongs to her. Meanwhile his life opens out before him in all directions at once. They've done a lot of good for each other. Really, she thinks, really. People can really change one another.

You should go, she says. I'll always be here. You know that.

　彼女は目を閉じる。彼はたぶん戻ってこないだろう、と彼女は思う。戻ってきたとしても、変わっているはずだ。今、二人の手にあるものは、もう二度と手にすることはできない。だが彼女にとって孤独の痛みなど、かつて感じていた痛み、価値のない人間であることの痛みと比べたら、何ほどのことがあるだろう。彼は贈り物のように優しさをもってきてくれて、今それは彼女の一部

になっている。一方で彼の人生は彼の前であらゆる方向へと同時に広がっていくだろう。二人はおたがいのためにたくさんのいいことをしてきた。ほんとうに、と彼女は思う、ほんとうに。人は、ほんとうに、おたがいを変えることができる。

　あなたは行って、と彼女はいう。わたしはいつもここにいるから。それはわかってるでしょう、あなたにも。

　写真で見るルーニーさんは、ゆるふわ系女子という感じだが、実はマルクス主義者を自称しているという。どうも一筋縄ではいかない作家のようである。

書籍情報

Normal People, Sally Rooney, Faber & Faber 刊

宮脇 孝雄（みやわき たかお）

1954年高知県生まれ。

翻訳家。早稲田大学政治経済学部在学中に「ワセダミステリ
クラブ」に参加。敬愛するミステリ評論家・翻訳家の小鷹信
光氏の薫陶を受けつつ翻訳活動を始め、早川書房よりデビュ
ー、今に至る。『死の蔵書』や『異邦人たちの慰め』などエン
ターテインメントから文学まで多様なジャンルの作品を翻訳。
また翻訳に関するエッセイ、料理や英米文学・ミステリに関
するエッセイ、評論も多い。現在、（株）日本ユニ・エージェ
ンシーで翻訳教室を開講、専修大学で非常勤講師を務める。

主な著書

『書斎の旅人──イギリス・ミステリ歴史散歩』(早川書房)

『書斎の料理人』(世界文化社)

『翻訳家の書斎』(研究社)

『ペーパーバック探訪』(アルク)

『翻訳の基本』(研究社)

『続・翻訳の基本』(研究社)

『英和翻訳基本辞典』(研究社)

『翻訳地獄へようこそ』(アルク)

『洋書天国へようこそ』(アルク)

主な翻訳書

『容疑者は雨に消える』『子供たちは森に隠れる』(コリン・ウィルコックス著　文藝春秋)

『ミッドナイト・ミートトレイン』『死都伝説』(クライヴ・バーカー著　集英社)

『失われた探険家』『グロテスク』(パトリック・マグラア著　河出書房新社)

『そして殺人の幕が上がる』『誰も批評家を愛せない』(ジェーン・デンティンガー著　東京創元社)

『ストレンジャーズ』(ディーン・R・クーンツ著　文藝春秋)

『イノセント』『異邦人たちの慰め』(イアン・マキューアン著　早川書房)

『死の蔵書』『幻の特装本』(ジョン・ダニング著　早川書房)

『ひとりで歩く女』(ヘレン・マクロイ著　東京創元社)

『文豪ディケンズと倒錯の館』(ウィリアム・J・パーマー著　新潮社)

『ソルトマーシュの殺人』(グラディス・ミッチェル著　国書刊行会)

『英国紳士、エデンへ行く』(マシュー・ニール著　早川書房)

『ジーン・ウルフの記念日の本』(ジーン・ウルフ著　酒井昭伸、柳下毅一郎共訳　国書刊行会)

『指差す標識の事例』(イーアン・ペアーズ著　池央耿、東江一紀、日暮雅通共訳　東京創元社)

洋書ラビリンスへようこそ

発行日：2020年11月25日（初版）
著者：宮脇孝雄

編集：原 智子／英語出版編集部
AD・デザイン：山口桂子（atelier yamaguchi）
表紙イラスト：山口吉郎（atelier yamaguchi）

DTP：朝日メディアインターナショナル
印刷・製本：日経印刷株式会社

発行者：天野智之
発行所：株式会社アルク
〒102−0073　東京都千代田区九段北4−2−6 市ヶ谷ビル
Website：https://www.alc.co.jp/

本書は『CAT』および『マガジンアルク』の連載、
「今月のマスターピース」から作品を選び、加筆して再構成したものです。